La enseñanza en el aula de la naturaleza
Principios fundamentales del aprendizaje en los huertos educativos

Nathan Kennard Larson

Ilustraciones de Becky Hiller

Secciones de prácticas basadas en la evidencia
de Alexandra Wells y Samuel Dennis, Jr.

CULTIVATE HEALTH BOOKS

MADISON

Derechos del texto © 2015 Nathan Kennard Larson

Derechos de las ilustraciones © 2015 Becky Hiller y Nathan Kennard Larson

Derechos de las secciones de prácticas basadas en la evidencia © 2015 Alex Wells, Samuel Dennis, Jr., y Nathan Kennard Larson

Derechos de la traducción © 2016 Catherine Jagoe y Nathan Kennard Larson

Fotografías por miembros de las comunidades de aprendizaje de Troy Kids' Garden y Goodman Youth Farm, a menos que se acredite lo contrario. Fotografía en la página 21 por Nick Berard. Fotografía del autor por Patricia Espedal.

Todos los derechos reservados.

ISBN 978-0-9962642-7-3
ISBN 978-0-9962642-8-0 (eBook)

Primera edición

Diseño por Sandhill Studio, Madison, WI

Cultivate Health Books
Madison, WI
www.teachinginnaturesclassroom.org

Para Sonya Raven y Nikolai Bjorn

Contenido

Agradecimientos 6
Prólogo *por Whitney Cohen* 9
Introducción 10

Permite que el huerto sea el maestro 12
Procura que aprendan por experiencia directa 14
Deja que los niños sean los jardineros 16
Desarrolla la autoeficacia preparando a los niños para el éxito 18
Crea una comunidad educativa diversa 20
Cultiva el sentido del asombro 22
Involucra los sentidos 24
Ofrece una manera creativa de hacer ejercicio 26
Sumérgete en la naturaleza 28
Establece conexiones con el hogar y la comunidad 30
Interactúa con lombrices, abejas, gallinas y otros animales 32
Trabaja *y* juega en el huerto 34
Utiliza un plan integral de estudios 36
Cultiva una conexión con los alimentos 38
Cultiva un sentimiento de apego al lugar 40

Nota sobre la recopilación de evidencia 42
Referencias 44
Colaboradores 51

Agradecimientos

Quiero manifestar mi profundo agradecimiento a los muchos colaboradores que me ayudaron a llevar este proyecto de la semilla a la fruición. Gracias a los muchos alumnos y docentes con los que he tenido el privilegio de trabajar a lo largo de los años. Les agradezco todo lo que me han enseñado. Este libro es fruto del tiempo que pasamos juntos, aprendiendo de la tierra.

Deseo agradecer a mi amiga Becky Redelings, quien amenizó este libro con ilustraciones alegres y atractivas. Doy las gracias a mis amigos y colegas del Environmental Design Lab, Alex Wells y Sam Dennis, por haber enriquecido esta publicación con secciones de prácticas basadas en la evidencia. Asimismo, agradezco las sagaces sugerencias editoriales de Alex, así como los muchos años de colaboración fructífera y de apoyo inquebrantable por parte de Sam en Community GroundWorks y otros sitios. Le agradezco a Mary Kay Warner la destreza con la que ha tejido nuestros varios hilos para crear una publicación de aspecto visual tan atrayente.

Deseo expresar mi agradecimiento a Whitney Cohen, amiga y colega mía desde hace muchos años, por escribir el prólogo y por su lectura cuidadosa del libro. Agradezco a Mary Michaud, Mark Siegel, Carlene Bechen, y Dana Muñoz por contribuir historias maravillosas de sus programas modelo de huertos escolares. Agradezco a Patricia Espedal y Nick Berard por su generosa contribución de fotografías. Agradezco a los amigos y colegas de todas partes de los Estados Unidos que revisaron el manuscrito—John Fisher, Lola Bloom, Caitlin Blethen, Erica Curry, Claire Berezowitz, y Emilie Gioia. También agradezco a Emilie y su colega Hannah Piercey de Edible Schoolyard Project por gestionar el foro online para lectores de este libro. Agradezco a mi viejo amigo y colaborador, Isaac Nadeau, sus excelentes y generosos consejos editoriales. Deseo manifestar mi gratitud a Catherine Jagoe por su esmero y dedicación al traducir este libro al español, así como a Rino Avellaneda, Kathryn González, Norka Bayley, María Moreno, y Joe Muellenberg por su cuidadosa revisión de la traducción. Agradezco a Andrea Dearlove y sus colegas de Wisconsin Partnership Program por prestar un apoyo entusiasta y generoso a este proyecto.

Una mención especial de gratitud a mi amiga y colega Amy Meinen por invitarme a colaborar en el desarrollo del libro *Got Veggies* (Tengo Verduras) y tantos otros proyectos valiosos a lo largo de los años. Me ha enseñado mucho sobre la reivindicación efectiva, la colaboración y el liderazgo. También quiero manifestarle mi gratitud por su trabajo pionero y visionario en el movimiento para crear huertos juveniles en Wisconsin. Gracias a Beth Hanna por haber ayudado a que esta visión avanzara por todo el estado gracias al Wisconsin School Garden Initiative. Gracias también a Beth por sus contribuciones editoriales. Gracias a Jennica Skoug por sus contribuciones valiosas al Wisconsin School Garden Initiative. También agradezco a Jennica y Ginny Hughes por su liderazgo excepcional en el desarrollo continuo del Goodman Youth Farm y de Troy Kids' Garden.

Deseo expresar mi agradecimiento profundo a la comunidad variada de Community GroundWorks y Troy Gardens, que ha fomentado la visión colectiva de un programa robusto de educación basada en las granjas y los huertos en el área de Madison, Wisconsin. Agradezco de modo especial a los niños de los dos programas—nos han enseñado muchas cosas a lo largo de los años acerca del papel inestimable de un huerto en la vida de un niño. Doy gracias especialmente a Marge Pitts y a la difunta Pat Woicek por sus muchos años de dedicación a Troy Kids' Garden y la comunidad educativa de Community GroundWorks. Gracias a Hannah Lavold, Rachel Byington, Kristin Maharg, Elizabeth Gering, Megan Cain, Christie Balch, Jill Jacklitz, Vanessa Ione Machen, Anne Zeide, Casey Bilyeu, Leia Young, Creal Zearing, Jake Hoeksema, Howard Hayes, Keith Pollock, Maury Smith, Marcia Yapp, Michael Carlson y a otros muchos educadores talentosos en Community GroundWorks y otras partes que nos han ayudado a través de los años a cultivar Troy Kids' Garden y Goodman Youth Farm hasta convertirlos en centros educativos esenciales. Gracias a mis viejos amigos Anthony Hiller, Joman Schachter, y Gene Kenny por su apoyo y entusiasmo por este trabajo a lo largo de los años. Gracias a Mark Voss por compartir el cursillo Growing Minds con Community GroundWorks. Manifiesto mi profunda gratitud a los anteriores participantes de Growing Minds y otros cursos del GROW Institute por todas las ideas y anécdotas que hemos compartido y por todas las lecciones que hemos aprendido juntos. Gracias a Tom Linfield por haber apoyado siempre los programas educativos basados en huertos en Community GroundWorks y en toda nuestra comunidad.

Gracias a Ken Swift, Rachel Martin, Nancy Gutknecht, Susie Hobart, Jen Greenwald, Clare Seguin, Dave Ropa, Stephanie Steigerwaldt, Kitty King, Betsy Parker y otros muchos educadores y líderes comunitarios visionarios quienes me han inspirado contando historias de sus esfuerzos por abogar por la enseñanza basada en los huertos y el aprendizaje al aire libre en sus escuelas. Agradezco a Jason Garlynd, Joe Muellenberg, Lesly Scott, Shelly Strom, Julie Jarvis, Ashleigh Ross, Nicole Nelson, Tory Miller, Becky Steinhoff, E.G. Schramka, Robert Pierce, Will Allen, Marcia Caton Campbell, Kevin Niemi, Dolly Ledin, Lisa Johnson, Lisa Jacobson, Mike Maddox, la difunta Pam Karstens y a los muchos amigos y colegas infatigables que han colaborado para crear más oportunidades para que los jóvenes participen en programas educativos basados en huertos en toda nuestra comunidad. Gracias a mis maravillosos amigos y colegas en GROW Coalition, GROW Professional Learning Community, y National School Garden Network por ayudarme a profundizar mi conocimientos del potencial de la enseñanza basada en los huertos.

Le agradezco a Bill Cronon por haberme orientado durante mis estudios de posgrado; me ayudó a apreciar la importancia de la educación basada en los huertos y granjas. Gracias a Sandra y Will Dahl por invitarme, a principios de mi carrera profesional, a ayudar a desarrollar el programa de estudios sobre los huertos y la naturaleza en su excelente centro agro-educativo. Muchísimas gracias a Steve Van Zandt, Mark Nolan, y la comunidad de SMOE por hacerme conocer la magia y la potencia de la educación al aire libre. Estoy especialmente agradecido con mis viejos amigos Scott Brinton y Rachael Van Laanen por invitarme a su extraordinario huerto educativo en Coyote Hill. Gracias también a mis viejos amigos Jeremy Hartje, Mike Einermann, Michael Matthews, Tod Haddow, Alex Jones, y a los otros muchos miembros maravillosos de la familia de naturalistas de SMOE que me han ayudado a ampliar mis conocimientos y pasión por la educación al aire libre.

Gracias a mis padres, Margot Kennard y Rick Larson, por haberme inculcado el amor a la horticultura, la naturaleza, y la educación. Gracias por enseñarme lo importante que es cuidar de la tierra y velar por ella. Y gracias por haber creído en mí siempre y por apoyar mis intereses incondicionalmente.

Estoy tan agradecido con mi esposa, Erica Kruger, por todo su apoyo y amor. Me inspira cada día su enorme creatividad, intuición y compasión. Le agradezco también por haber adornado este libro con su hermosa letra. Gracias a nuestros hijos, Sonya y Nikolai, por sus muchas contribuciones alegres a este esfuerzo. Agradezco su creciente interés por la horticultura y la historia natural.

Aunque no conozcan "mi" acequia, la mayoría de la gente con la que hablo parece tener una acequia en alguna parte—o un arroyo, un prado, un bosque, o una ciénaga—que aprecian de forma parecida. Éstos son lugares de iniciación, en los cuales las fronteras entre nosotros y los demás seres se disuelven, donde la tierra se nos mete debajo de las uñas y el lugar se nos cuela por los poros.

— Robert Michael Pyle, *The Thunder Tree*

Enséñale al alumno a ver la tierra, a entender lo que ve y a disfrutar de lo que entiende.

— Aldo Leopold, *The Role of Wildlife in a Liberal Education*

Sin ofender a los demás tomates, pero ¡éstos son los mejores!

— Niño en Troy Kids' Garden, Madison, WI

Prólogo

¿Qué pasaría si todos los niños, en todas partes, tuvieran acceso a un espacio dinámico al aire libre en donde pudieran desarrollar una conexión profunda y personal al mundo natural a su alrededor? ¿Un huerto escolar en el que pudieran recoger y disfrutar frutas y hortalizas frescas de la tierra? ¿Un aula hermosa al aire libre en la que el aprendizaje se revitalice? ¿Qué efecto tendrían estas experiencias, si se entretejieran en el tapiz de la niñez e impactaran la manera de relacionarse los jóvenes con la escuela y el aprendizaje, los alimentos saludables y el mundo a su alrededor?

Como se demuestra de forma tan hermosa en este libro, un huerto puede servir como aula fenomenal y como maestro estupendo para un niño. En un huerto podemos cultivar el amor de los niños por el aprendizaje, su aprecio por la alimentación saludable y su conexión con el mundo natural. Con visión, entrega y una buena dosis de trabajo duro, educadores y familias en todas partes del mundo están quitando cemento, plantando semillas y cultivando huertos escolares porque creen que los niños necesitan aprender por experiencia directa en un contexto que les importa. Necesitan saber lo deliciosa que puede ser la comida saludable y necesitan saber, en lo profundo de su ser, que son parte de una enorme y bella red de vida.

Por lo tanto, en patios escolares y espacios comunitarios en todo el país, ha nacido un movimiento. Como consecuencia, han surgido nuevas preguntas. La más importante de ellas es: ¿cómo hacer el mejor uso de estos huertos para conseguir nuestras metas y brindarles las mejores experiencias posibles a todos los niños?

En *La enseñanza en el aula de la naturaleza*, Nathan Kennard Larson ha compartido con nosotros una filosofía de cómo enseñar con un huerto. Apoyándose en sus años de experiencia y respaldado por la investigación, Nathan ha delineado quince principios fundamentales para los que enseñan con huertos. Cada principio se ilustra mediante historias verdaderas y bonitas de sus huertos en Wisconsin y se fundamenta en investigación basada en la evidencia. ¡Bienvenida sea esta herramienta al movimiento por los huertos educativos! El trabajo del educador de huerto puede resultar muchas veces frenético y centrado al mismo tiempo. Frenético en el sentido de que realizamos el trabajo de agricultores, maestros, carpinteros, padres de familia, enfermeros, consejeros, músicos, animadores y cocineros—a veces antes de que haya sonado el primer timbre de la mañana. Y centrado en el sentido de que siempre hay algo que enfoca nuestra atención en el presente. Este centrarse o aterrizar puede ser muy literal cuando nos agachamos para recoger una lombriz, cultivar la tierra, arreglar una tubería de riego, o escuchar a un niño pequeño. Con tantas hermosas e importantes oportunidades en los primeros centímetros por encima de la tierra, puede resultar difícil ampliar nuestro enfoque hacia lo alto y hacia lo lejos para ver el panorama general del campo en el que trabajamos.

Revisando sus años de experiencia para encontrar los mejores patrones y prácticas, Nathan nos ha proporcionado a todos un mapa de ruta que nos puede ayudar a seleccionar actividades de forma intencionada para ofrecerles experiencias coherentes, interesantes e inolvidables en el huerto a los niños bajo nuestro cuidado. Estas bases filosóficas forman un fundamento que sostiene nuestra práctica cotidiana e inspira y dirige nuestro trabajo con los niños. Tras haber colaborado con huertos escolares en todas partes del país durante muchos años, puedo afirmar con toda seguridad que las mejores prácticas identificadas aquí por Nathan son certeras.

Estos principios fundamentales nos pueden servir de guía para desatar el potencial extraordinario de un huerto para los niños y nos ayudan a tener presente, cuando trabajamos con menores en nuestros propios huertos y comunidades, el panorama hermoso y vital del cual todos formamos parte.

— Whitney Cohen, Directora de Educación, Life Lab

Introducción

La primera vez que tuve conocimiento de la educación con huertos fue mientras trabajaba de naturalista para la Oficina de Educación del Condado de San Mateo en las montañas de Santa Cruz, California. Descubrí que el huerto es un entorno educativo tremendamente dinámico, efectivo y enriquecedor. Había encontrado mi vocación. En el año 2000, volví a mi ciudad natal, Madison, Wisconsin, para ayudar a crear un programa educativo en torno a una granja y un huerto en una parcela de terreno urbano de 26 acres (unas 10,5 hectáreas) llamada Troy Gardens, que acababa de evitar ser urbanizada. Durante los últimos quince años—en los que he trabajado en Troy Gardens y en otros huertos escolares y huertos comunitarios para jóvenes—he sido testigo de la asombrosa capacidad de la educación basada en los huertos para tocar y transformar la vida de miles de jóvenes y sus educadores.

A lo largo de los años, han surgido varios principios fundamentales que, a mi parecer, son las mejores prácticas en la enseñanza basada en los huertos. Estos principios informan la pedagogía acertada e ilustran por qué los huertos son centros tan esenciales para fomentar el aprendizaje y promover la salud de los niños. El objetivo de este libro es presentar quince de estos principios. No pretendo presentarlos de forma exhaustiva o comprensiva, sino contribuir a la conversación internacional cada vez más extensa sobre las mejores prácticas en la enseñanza basada en los huertos. Espero que esta publicación sirva de recurso para los educadores en el campo.

Al presentar estos principios en charlas y talleres de formación durante los últimos años, he aprendido que la mejor y más entretenida manera de compartirlos es a través de imágenes e historias representativas

que provienen del campo. Estas historias no sólo sirven de meras anécdotas sino que demuestran pruebas basadas en la práctica. Es decir, ayudan a mostrar que estos principios—los cuales han sido desarrollados, probados y refinados durante años de práctica en el campo por muchos educadores—de verdad funcionan. Aunque las historias, fotografías e ilustraciones en este libro vienen mayormente de programas llevados a cabo por Community GroundWorks en Troy Kids' Garden y Goodman Youth Farm en Madison, Wisconsin, representan el tipo de maravillas que se producen todos los días en huertos escolares y comunitarios para jóvenes en todas partes del mundo.

Prácticas basadas en la evidencia

Durante una semana cada verano, imparto un curso de formación profesional para educadores que se enfocan en el aprendizaje basado en los huertos. El curso siempre junta un grupo impresionante de profesionales. Son maestros de escuela, maestros de programas extraescolares, profesionales de cuidado infantil y educación preescolar y educadores comunitarios que regularmente hacen un esfuerzo adicional por brindar a sus alumnos algo en lo que creen de verdad: el aprendizaje en los huertos. Con demasiada frecuencia, estos educadores trabajan a contracorriente para proporcionar a sus alumnos oportunidades de aprendizaje al aire libre. A pesar de su pasión y su don para la enseñanza en el huerto, se topan muchas veces con obstáculos a la hora de llevar a sus alumnos afuera.

A mediados de la semana, el doctor Samuel Dennis—experto internacional en los efectos positivos del aprendizaje al aire libre—visita la clase. Afirma las prácticas y creencias educativas de los educadores elaborando conexiones con el número creciente de investigaciones internacionales que apoyan su trabajo. Esta conversación muchas veces consigue que los educadores se sientan inspirados, apoyados e impacientes por volver a sus instituciones para efectuar cambios en el aprendizaje en huertos y otras aulas al aire libre. Para continuar este diálogo productivo entre las buenas prácticas y la investigación, Sam Dennis y su colega Alex Wells del Environmental Design Lab han colaborado generosamente en esta publicación para demostrar cómo cada uno de los quince principios aquí presentados se basa en evidencias.

Permite que el huerto sea el maestro

Hace unos años, me encontraba en un huerto comunitario cosechando frambuesas con un grupo de niños, y nos hartábamos de comer la fruta roja y madura. Observé a un niño arrancar una frambuesa grande del tallo. Antes de metérsela a la boca, se detuvo para mirarla más de cerca. La volteó y la estudió por debajo. Volvió a mirar el lugar en el tallo de donde la había sacado. Luego, de nuevo, estudió el centro hueco de la frambuesa. Levantó la mirada con una gran sonrisa en la cara y exclamó, "¡Ah, por eso tienen agujeros!"

Éste es uno de tantos descubrimientos asombrosos que he visto hacer a mis alumnos en el huerto. La ventaja del entorno del huerto es que además de funcionar como aula dinámica y multisensorial para los alumnos, puede servir también de maestro encantador. El huerto les da a los jóvenes la valiosa oportunidad de aprender por observación directa, exploración y experimentación. Por lo tanto, optimizamos el potencial de aprendizaje del huerto cuando nuestro plan de estudios y actividades estimula a los alumnos a explorar y a experimentar el aula del huerto mediante experiencias directas.

Momentos educativos

Una tarde, durante una sesión en el huerto, un gavilán colirrojo se posó atrevidamente sobre un palo a tan sólo tres yardas (unos tres metros) de nuestro grupo. De inmediato, todos quedamos embelesados por esta ave rapaz hermosa y poderosa. Al reconocer la oportunidad de observar un animal salvaje tan de cerca, rápidamente dejamos la lección que habíamos planeado para facilitar una observación y discusión del gavilán con los alumnos. Nos esforzamos por aprovechar su curiosidad natural acerca del gavilán para llevarlos a participar más profundamente en la lección espontánea que se nos había presentado.

Habíamos aprovechado un momento educativo. ¿Qué es un momento educativo? Los momentos educativos surgen con frecuencia en el huerto cuando acontecimientos naturales impredecibles atraen la atención de los alumnos. Algunos momentos educativos son dramáticos—como un gavilán sobrevolando el huerto—pero otros son eventos más sutiles, como una abeja que recolecta néctar de un girasol cercano, un escarabajo caminando en el suelo, o una flor de calabaza que acaba de abrirse. Puedes ayudar a aumentar el poder del entorno pedagógico del huerto al aprovechar y resaltar estos momentos educativos.

Si te concentras en completar la lección que habías preparado para la sesión en el huerto ese día, al principio este tipo de acontecimientos te pueden parecer una distracción. Si es así, ponte el reto de incorporar en la instrucción cotidiana estos eventos que ocurren naturalmente, además de incluirlos en los objetivos pedagógicos que tienes para tus alumnos. Al promover un interés constructivo en tus alumnos por lo que ocurre espontáneamente en el huerto, aprovecharás su curiosidad natural acerca del mundo en su entorno. Como explica el reconocido naturalista Joseph Cornell, es probable que los niños recuerden estos momentos durante años.

> *Los espectáculos de la Naturaleza conseguirán que el niño embelesado ponga toda su atención.... Pero aún si faltan tales visiones especiales, el niño puede experimentar el asombro simplemente mirando cosas tranquilas y comunes con mucha atención.... Los niños rara vez se olvidan de una experiencia directa.*
>
> — Joseph Cornell, *Sharing Nature with Children*

> *No sabía que el brócoli crecía así!*

> *Ya sé por qué el huevo está calentito. ¡Estaba debajo del trasero de la gallina!*
>
> — Niños en Troy Kids' Garden

UNA PRÁCTICA BASADA EN LA EVIDENCIA

Permitir que el huerto sea el maestro es una práctica basada en la evidencia y consiste en la búsqueda activa de momentos educativos aprovechables. Popularizada por Havighurst (1953), la idea del momento educativo ha sido utilizada por los docentes desde entonces. Hoy en día se entiende que para aprovechar la disposición del niño para el aprendizaje en cada etapa de su desarrollo, los profesores necesitan ser estudiantes también, adoptando la perspectiva del niño en cada momento educativo. Esto incluye la capacidad de escuchar activamente y de contener las ganas de ser un experto. El profesor como estudiante observa, reconoce y luego interactúa con el entusiasmo espontáneo de un niño, permitiendo que surja un plan de estudios de las interacciones iniciadas por el niño con su ambiente (Hyun y Marshall, 2003; Rahm, 2002).

Procura que aprendan por experiencia directa

En una ocasión, trabajaba con un grupo de alumnos para sacar el tronco de un árbol de la zona del huerto. Era relativamente pequeño, así que imaginábamos que sería una tarea bastante rápida y fácil. A medida que excavábamos un hoyo cada vez más profundo y amplio, nos sorprendió lo extensas que eran las raíces para un árbol tan pequeño. Acabamos haciendo un hoyo muy grande y, al final, algunos de los alumnos cavaban desde dentro del hoyo. En algún momento, un alumno se agachó y agarró un manojo de tierra densa y arcillosa. Salió del hoyo entusiasmado, con la mano tendida para que la vieran todos, y exclamó, "¡Oye, esto es arcilla! ¿Cómo llegó hasta allá abajo?"

Antes de esa experiencia, él sólo había visto paquetes de arcilla de modelar en clase—no sabía que la arcilla venía de la tierra. Esa tarde, aprendió de dónde viene la arcilla por una experiencia directa y práctica en el huerto. Aprendió de forma más profunda y duradera con sus propias dos manos que si hubiera aprendido la misma información de un libro de texto o de una presentación en clase. El aprendizaje experiencial es un método efectivo de enseñar gran número de temas académicos en el huerto, desde la geología hasta la botánica y la nutrición. Por esa razón, un método pedagógico basado en actividades prácticas y manuales es fundamental para el aprendizaje en los huertos.

Liberty Hyde Bailey—un líder destacado del movimiento para promover el estudio de la naturaleza a finales del siglo XIX y principios del siglo XX—expresa algo sabio acerca de la inclinación natural de los niños a usar las manos para aprender en su poema "El reino del niño." El maestro en el poema descubre que a pesar de sus abundantes conocimientos acerca del mundo, el niño queda más fascinado por el mundo que vive y palpita bajo la yema de sus dedos. Para muchos niños, las experiencias directas los motivan a aprender cosas sobre el mundo a su alrededor. A veces, la mejor enseñanza que podemos ofrecerles a nuestros alumnos se consigue proporcionándoles el espacio y el apoyo para que aprendan explorando por sí mismos los entornos educativos al aire libre.

En un momento de la historia en el que los alumnos pasan cada vez más tiempo sentados en clase, les hacen mucha falta oportunidades para el aprendizaje práctico durante su educación. Las características físicas del entorno educativo del huerto se prestan especialmente bien al aprendizaje kinestésico. Los niños muchas veces aprenden haciendo cosas en el huerto. Este método proporciona oportunidades valiosas para que los estudiantes cuyo estilo de aprendizaje es kinestésico—los cuales posiblemente tengan más dificultades en el entorno tradicional del salón de clase—puedan destacarse en el ambiente educativo vivo y físico del huerto escolar. Además, las investigaciones indican que el aprendizaje directo y manual ayuda a los niños a desarrollar vínculos duraderos con la naturaleza que se prestan a una ética de respeto al medio ambiente y liderazgo ambiental más tarde en la vida (ver la sección de prácticas basadas en la evidencia abajo). Al enfatizar el aprendizaje manual por inmersión en proyectos educativos en el huerto, aprovecharás al máximo el entorno educativo dinámico que tienes al aire libre.

Un niño pequeño se sentaba en la playa
Mirando fluir el agua,
Metía los pies en la arena dorada,
Jugando con las olas y el mar.

Hablé de cómo las estrellas se acopian en el espacio,
De la luna que rueda por su curso;
De la tierra suspendida en su eterno lugar
Mientras rota en su vieja órbita.

El niño dejó de mover las manos
Y me miró un momento,
Luego volvió a mirar las arenas doradas
Y jugó con las olas y el mar.

— Liberty Hyde Bailey,
"El reino del niño" en in *Wind and Weather*
(El viento y el tiempo)

> "Por fin toqué una lombriz. Se sentía como si fuera loción."
> — Niño en Troy Kids' Garden

UNA PRÁCTICA BASADA EN LA EVIDENCIA

El aprendizaje experiencial está basado en la evidencia. El papel central de la experiencia en el proceso de aprendizaje puede perderse de vista cuando nos apuramos a impartir destrezas académicas a los niños (Kolb, 1984; Roberts, 2011). El aprendizaje práctico en huertos en términos generales desarrolla mucho la capacidad del estudiante para la observación empírica y el análisis (Kellert, 2002; Mablie y Baker, 1996). Además, se ha notado que es una manera de fortalecer la concientización y el cuidado del medio ambiente (Chawla 2007, 2009; Davis, 1998). El aprendizaje experiencial es esencial para la educación basada en el huerto y una investigación reciente ha examinado su impacto en los huertos escolares (Desmond et al., 2002). Un estudio de las escuelas de Luisiana demostró una mejoría en las calificaciones en ciencias debida a un programa de horticultura práctica (Smith y Motsenbocker, 2005). En otro estudio, los alumnos de un programa de horticultura práctica demostraron tener más conocimientos sobre la nutrición y fueron más propensos a elegir y comer verduras a la hora del almuerzo (Palmer et al., 2009).

Deja que los niños sean los jardineros

En Goodman Youth Farm, hacemos todo lo posible para que los niños participen en todos los aspectos de la horticultura. Una vez, nos encontramos con una dificultad a la hora de recolectar coles de Bruselas [*también llamadas repollitos de Bruselas*]. Si las has recolectado alguna vez, sabrás que los tallos son gruesos y fuertes, con unas raíces tenaces que no son fáciles de arrancar. Por eso, suponíamos que los alumnos de secundaria que colaboraban en la granja serían lo suficientemente fuertes como para arrancar los tallos gruesos y verdes de la tierra. Sin embargo, tras

varios intentos, nuestro grupo de adolescentes decidió que resultaba demasiado difícil para ellos. Finalmente, reconocimos que ésta era tal vez una tarea que los docentes adultos de la granja tendrían que hacer esa temporada.

Al día siguiente, un grupo bullicioso de alumnos de kinder llegó a la granja y se metió entre las coles de Bruselas, que para ellos eran fundamentalmente una pequeña selva. De inmediato, cuatro niños se agarraron a un tallo y se pusieron a jalarlo de un lado para otro hasta que las raíces se arrancaron de cuajo—la planta y todos los niños se cayeron al suelo en un revoltijo de polvo y risas. Los niños se pararon en seguida y agarraron el siguiente tallo. Esa temporada, los niños más pequeños en la granja se convirtieron en un equipo de recolectores expertos en cosechar coles de Bruselas. Aprendimos de esta experiencia que no se debe jamás subestimar la capacidad y el entusiasmo que los niños aportan a la granja o el huerto.

La idea de permitir que los niños sean los jardineros en su huerto escolar o comunitario puede parecer obvia a un educador con muchos años de experiencia. Sin embargo, cualquier persona con conocimientos del tema tendrá su propio estilo de horticultura—incluyendo los métodos, el espaciamiento, y las fechas para plantar—para optimizar la cantidad y calidad de la cosecha. Los niños sin experiencia de jardinería suelen cometer errores que afectarán la cosecha. Por lo tanto, a veces, un conocimiento avanzado de horticultura puede obstaculizar nuestro éxito como educadores—por lo menos al principio.

Aunque sabemos que el primer objetivo de un huerto escolar o comunitario para menores es la educación, no el tamaño de la cosecha, a veces nos cuesta ceder el huerto de verdad a los alumnos. Al darles a los niños espacio para experimentar, equivocarse y aprender de sus experiencias, les ayudamos a sentir que el huerto es realmente suyo. Así es precisamente como se cultiva un vínculo duradero entre los niños y los alimentos que los sustentan.

> *Queremos que cada [alumno] aprenda algo sobre por qué y cómo crecen las plantas; y la manera mejor y más segura de aprender es cultivando las plantas y observándolas atentamente.*
>
> — Liberty Hyde Bailey, *Cornell Nature-Study Leaflets*

> *Voy a plantar esto y luego regarlo y luego crecerá.*
>
> — Niña en Troy Kids' Garden

UNA PRÁCTICA BASADA EN LA EVIDENCIA

Dejar que los niños sean los jardineros es una práctica basada en la evidencia. Los niños se benefician de liderar, equivocarse e interactuar con adultos dispuestos a convertirse en estudiantes también (Hyun y Marshall, 2003; Wake, 2007). Los programas juveniles sobre la horticultura y el medio ambiente que emplean modelos de indagación científica y ofrecen buenas oportunidades para el aprendizaje suelen enfatizar la experiencia directa y la elección, estimulando a los niños a ser creadores en vez de consumidores del conocimiento (James y Bixler, 2008; Rahm, 2002).

Desarrolla la autoeficacia preparando a los niños para el éxito

Tengo un recuerdo tan vivo del niño retratado en la ilustración arriba. Se irguió con un manojo de betabeles [*también llamados remolachas, betarragas*] levantado en alto, y una cara de triunfo: ¡victoria betabelera! A lo largo de los años, he visto muchos de estos momentos emotivos—niños que demuestran con orgullo el fruto de su trabajo. Resulta realmente inspirador. Cuando a los niños se les da la oportunidad de colocar una semilla en la tierra y de cultivar la planta que crece desde la semilla hasta la cosecha, salen verdaderamente victoriosos.

No sólo aumentan su autoestima y seguridad al trabajar en el huerto, sino que aumenta su sentimiento de maestría. Por lo tanto, la horticultura es una manera excelente de desarrollar la autoeficacia en los alumnos. El prestigioso psicólogo Albert Bandura, de la Universidad de Stanford, explica que "un sentimiento fuerte de autoeficacia amplía los logros humanos y el bienestar personal de muchas maneras." Además, afirma que "la manera más efectiva de crear un sentimiento fuerte de autoeficacia es a través de experiencias de dominio personal. Los éxitos construyen una creencia firme en la autoeficacia personal." Éste es un beneficio importante de la educación con huertos, porque el huerto ofrece muchas oportunidades para que los jóvenes experimenten el éxito. Tales éxitos les pueden resultar particularmente valiosos a los alumnos con dificultades en otras asignaturas académicas.

El andamiaje

¿Cómo se prepara a los alumnos para el éxito en el aula del huerto, particularmente si la horticultura es nueva para ellos? Un método efectivo es el andamiaje educativo. De manera parecida a su significado en la construcción, el andamiaje se refiere a una estructura de apoyo temporal que está diseñada para ayudar a los alumnos a conseguir el éxito y a aprender de forma más independiente. En el contexto del huerto, es una estrategia especialmente efectiva porque muchos de nuestros alumnos necesitan aprender una gama de destrezas nuevas. Mediante el andamiaje, perfeccionarán esas destrezas nuevas, lo cual les permite liderar su propio proceso de aprendizaje.

> *Cuando sabe que la vida de las plantas que se han sembrado depende de su cuidado en regarlas ... sin el cual la plantita se secará ... el niño se vuelve vigilante, como alguien que empieza a sentir su misión en la vida.*
> — Maria Montessori, *The Montessori Method*

Ahora bien, ¿cómo se prepara una lección sobre la siembra si los estudiantes nunca han colocado una semilla en la tierra? Una estrategia clave es modelar la actividad de manera que tus alumnos puedan reproducir el método de siembra y por lo tanto independizarse rápidamente en el proceso de sembrar. Por ejemplo, puedes usar una palita de jardinería para crear un surco de la profundidad adecuada para las semillas que vas a plantar con los alumnos. Luego, coloca tres semillas en el surco siguiendo las recomendaciones en cuanto al espacio entre cada una. Cuando lleguen los alumnos, podrán ver claramente el patrón y reproducirlo con un mínimo de instrucción verbal. Esta estrategia permite que los niños se sientan fortalecidos y capaces en el proceso de plantar, aun si es una experiencia nueva para ellos.

> *¡Es fácil cultivar las plantas! Empiezo a tener buena mano para la jardinería.*

> *Sólo tienes que creer en ti mismo; luego puedes hacer cosas hermosas.*
> — Niños en Troy Kids' Garden

Hay bastantes buenas herramientas y métodos a disposición de los docentes para infundirles más confianza y autonomía a sus alumnos a la hora de plantar. Por ejemplo, dejar palitas insertadas en la tierra a la distancia adecuada para las plantitas es otra manera buenísima de ayudar a los alumnos a independizarse con un mínimo de instrucción verbal. Otras herramientas útiles de andamiaje incluyen el uso de cuerdas alineadas para la siembra, plantadores, reglas, cintas de medir y cinta para semillas.

UNA PRÁCTICA BASADA EN LA EVIDENCIA

Desarrollar la autoeficacia preparando a los alumnos para el éxito es una práctica basada en la evidencia. Los conceptos de autoeficacia y maestría fueron introducidos por el psicólogo Albert Bandura, de la Universidad de Stanford, y se han estudiado mucho (Bandura 1997, 2000). La investigación de Bandura et al., (1996) encontró que la creencia de los niños de que podían desempeñarse bien las asignaturas escolares dependía no sólo del nivel auténtico de rendimiento sino también de medidas indirectas, incluyendo la confianza de que podían dirigir su aprendizaje, sus relaciones con sus compañeros y la participación de los padres.

El andamiaje, una idea formulada por el psicólogo del desarrollo Lev Vygotsky (Berk y Winsler, 1995), es una manera intuitiva y multifacética de apoyar el desarrollo de la maestría. Zurek et al., (2014) demostraron que los docentes medioambientales que usaban la técnica del andamiaje lograron apoyar a los niños a comprender sus experiencias al aire libre.

Crea una comunidad educativa diversa

El joven de la ilustración arriba participó en un programa de liderazgo para adolescentes en Troy Gardens. Como parte de este programa de desarrollo para jóvenes, él y sus compañeros de secundaria actuaron de mentores y enseñaron a los alumnos de primaria en el huerto. Fue edificante observar cómo los adolescentes se lanzaron de verdad al reto de aconsejar y educar a los jardineros más pequeños. Me impresionaba constantemente el nivel de madurez y paciencia demostrado por los adolescentes en presencia de los niños más pequeños. Para los más jóvenes, la mentoría de un chico mayor y más maduro como modelo a seguir fortaleció la atracción e importancia social del aula del huerto al aire libre.

Además de los mentores adolescentes, estudiantes universitarios y personas mayores participaron regularmente como internos y voluntarios en el huerto. Esta comunidad multi-generacional de docentes y aprendices creó un modelo robusto y enriquecedor de mentoría. Gracias a esta experiencia de trabajar con personas mayores, estudiantes universitarios, adolescentes y niños más pequeños en el aula del huerto, me di cuenta del poderoso efecto que puede tener una comunidad de aprendizaje en todas las personas involucradas.

Los huertos educativos son entornos excepcionales para apoyar varias comunidades de aprendizaje. Son lugares magnéticos e inclusivos que fomentan la mentoría, el voluntariado y las reuniones comunitarias. Bien cuidado, un huerto escolar puede parecerse a un centro comunitario dinámico al aire libre—una comunidad humana diversa de todas las edades y procedencias conviviendo entre las flores y hortalizas para compartir historias, consejos y comida.

Involucrar a los padres, abuelos y tutores en el programa de horticultura es una manera excelente de mejorar tu comunidad educativa. Por ejemplo, en una de las escuelas en nuestra zona, el huerto sirve como centro y recurso para el intercambio cultural. Los padres procedentes de otras culturas suelen cosechar y usar especias del huerto en sus platos tradicionales para compartir con los compañeros de clase de su hijo. El huerto escolar puede servir como punto de entrada acogedor para que las personas de edad en tu comunidad compartan sus historias ricas y sus habilidades con tus alumnos.

Los docentes, administradores y otro personal escolar también contribuyen de forma importante al desarrollo de comunidades educativas diversas centradas en huertos escolares. En los últimos años, he tenido el privilegio de trabajar con una comunidad de profesionales del aprendizaje enfocados en el uso de huertos educativos en nuestro distrito escolar, los cuales representan una gama de escuelas, grados y asignaturas. Estos líderes de huertos escolares han ayudado a inculcar una cultura de aprendizaje en el huerto en sus escuelas y en todo el distrito. Una de las características sobresalientes del programa es un intercambio para el desarrollo profesional (DP), en el que un grupo de maestros de una escuela dirige una sesión de DP en otra escuela diferente. En una ocasión, una sesión de DP sobre los huertos que se celebró el lunes por la tarde inspiró a cada uno los maestros de la escuela a sacar a sus alumnos al aire libre esa semana para una clase que de otra manera, se hubiera impartido en el aula. ¡Por primera vez y de manera espontánea, la escuela entera salió al aire libre!

> *Sólo quiero ayudar a la gente a aprender del huerto.*
> — Niña en Troy Kids' Garden

UNA PRÁCTICA BASADA EN LA EVIDENCIA

Crear una comunidad educativa diversa es una práctica basada en la evidencia. Numerosos estudios han demostrado el valor de una comunidad educativa que incluye diversas perspectivas culturales, socio-económicas y generacionales, incluyendo las de los profesores, miembros de la comunidad, familiares, adolescentes y los estudiantes mismos (Bouillion y Gómez, 2001; Finn y Chickoway, 1998; Hazzard et al., 1996). Muchas veces fomenta la percepción de pertenecer a una comunidad escolar. En un ejemplo de esto, Thorp y Townsend (2001) encontraron que los niños experimentaban "consuelo, seguridad, confianza, placer y asombro" en el huerto escolar (p. 357). Un estudio sobre la actividad física y la nutrición por Smith (2011) que utilizó mentores adolescentes para niños más pequeños encontró que aquéllos que tenían mentor sacaban mejor puntuación en índices de salud, incluyendo el de masa corporal, la autoeficacia, los conocimientos y las actitudes.

Cultiva el sentido del asombro

Hace algunos años, en uno de nuestros programas de horticultura había un niño pequeño al que le encantaba plantar. Cada día que venía a visitarnos, colocaba plántulas de vegetales por todo el huerto. Un día a mediados del verano, encontró en nuestro vivero una plantita de tomate olvidada que tenía las raíces tan enredadas por estar en un contenedor pequeño que parecía una varita verde nada más. El niño la sacó de su bandeja de plástico negro sin saber qué era y la plantó en la tierra en un hueco al borde de una cama de cultivo.

> *Es casi como si fuéramos plantas porque también necesitamos agua para crecer.*
>
> — Niño en Troy Kids' Garden

Varias semanas después, para mi sorpresa, algunas hojas nuevas brotaron de la plantita. Para entonces, sus vecinos, plantas de tomate grandes, empezaban a producir frutos maduros en la cama de al lado. Una tarde, observaba al niño cuidar a su plantita cuando notó las hojitas nuevas que brotaban a lo largo del tallo. Se detuvo un momento para pensar en algo. Luego caminó a las cercanas plantas de tomate con frutos y estudió su follaje. Entonces, volvió a su plantita y estudió sus hojas de nuevo. A continuación, levantando la vista en un momento de eureka, anunció, "¡Oye, mi planta es un tomate!"

Acontecimientos como éste afirman constantemente mi creencia en el poder del huerto educativo. Lo que aprendió ese niño—motivado por su propia curiosidad y su asombro ante el mundo a su alrededor—llegó mucho más allá que cualquier lección de botánica que hubiese podido darle yo en el huerto. Por eso es tan importante desarrollar un programa de horticultura que no ponga demasiado énfasis en la transmisión de datos sino que aproveche el entorno edificante de tu aula al aire libre. Cuando les ofrecemos a los niños numerosas oportunidades para aprender de sus propias observaciones y para desarrollar su emoción y su asombro por el huerto, les ayudamos a desarrollar las habilidades y el deseo de seguir aprendiendo toda la vida.

Como explica con tanta elocuencia la eminente ecologista y profesora Rachel Carson, una gran educación consiste en desarrollar relaciones tanto como en impartir datos. Al ser un entorno natural vivo y hermoso, un huerto es un lugar rico para que los jóvenes empiecen a relacionarse con las plantas y los animales. Estas relaciones importantes crean las bases para los conocimientos que nuestros alumnos acumularán durante su tiempo en el huerto y más allá. El huerto es un entorno ideal para cultivar el sentido del asombro. Es un lugar realmente mágico—rico, multidimensional y vital. Lleno de vida y hermosura, el huerto es un lugar perfecto para estimular la curiosidad de un niño.

> *Si los hechos son las semillas que luego producen conocimiento y sabiduría, entonces las emociones e impresiones sensoriales son la tierra fértil en la que las semillas han de crecer .... Una vez despertadas las emociones—el sentido de lo hermoso, la emoción por lo nuevo y desconocido, la compasión, la admiración o el amor—entonces deseamos informarnos acerca del objeto de nuestra respuesta emocional.*
>
> — Rachel Carson, *El sentido del asombro*

UNA PRÁCTICA BASADA EN LA EVIDENCIA

Cultivar el sentido del asombro es una práctica basada en la evidencia. El libro de Rachel Carson *The Sense of Wonder* (1956) da argumentos contundentes a favor de la importancia del asombro y la conexión emocional en la educación del niño y su desarrollo posterior como adulto. Estos argumentos fueron apoyados y refinados por el ecologista social Stephen Kellert y otros (Dunlap y Kellert, 2012). Davis et al., (2006), incorporaron este concepto en su evaluación de las Escuelas en el Bosque y otras experiencias al aire libre para niños en el Reino Unido y encontraron que el sentido del asombro era una dimensión compartida de las experiencias educativas positivas de los menores.

Involucra los sentidos

Los niños se suelen emocionar con los muchos olores, sabores y otras delicias sensoriales que se pueden experimentar en el huerto. Una de nuestras educadoras cuenta una historia muy simpática acerca de un niño al que descubrió escondido detrás de una hilera de hinojos en flor. Le preguntó qué hacía, y contestó avergonzado que estaba probando hojitas de orozuz (nuestro nombre para el hinojo o anís). Ella le dijo que no había ningún problema y que se comiera todo lo que quisiera de la planta. En seguida se paró y exclamó, "¿¡De verdad?!" Luego, metiendo las manos en los bolsillos de sus jeans, sacó dos manojos enormes de hojas de hinojo y dijo, "¿Me podrías dar una bolsa?"

> *"Estos pepinos del huerto saben mejor que los de la tienda. Y las zanahorias también."*
>
> — Niña en Troy Kids' Garden

Las experiencias sensoriales en el huerto crean recuerdos vivos que pueden crear un aprecio permanente por la buena comida y los ratos pasados en la naturaleza. Michael Pollan ilustra esto perfectamente en su reflexión sobre el tiempo que pasó de niño en el huerto de su abuelo: "Levantar la capucha de las hojas de habichuela [*también llamada ejote, vainita, chaucha, frijol verde, judía verde o poroto verde*] que tiene forma de corazón y descubrir un manojo de vainas delgadas que cuelgan por debajo a veces me producía una emoción muy grande. Sostener entre mis manos el globo de un melón calentado por el sol, o arrancar lanzas color naranja [de las zanahorias] del suelo arenoso—ésos fueron los placeres más intensos." Al facilitarles a tus alumnos una conexión sensorial en el huerto, les brindarás experiencias ricas y duraderas que también les ayudarán a desarrollar sus destrezas de integración sensorial. Al enseñar a los estudiantes a aislar ciertos sentidos, les puedes ayudar a relacionarse con el entorno del huerto de forma más profunda. Actividades como la del Mapa de Sonidos de Joseph Cornell—en la que los estudiantes escuchan atentamente y graban los sonidos que oyen a su alrededor—permiten que los niños vayan más despacio y se enfoquen de verdad en lo que escuchan. No sólo podrán mejorar su capacidad de percibir una gama diversa de sonidos, sino que aprenderán a identificar sonidos diferentes, como el canto de un carbonero [*chickadee*] en un árbol cercano.

Las experiencias sensoriales en el huerto ayudan a fomentar una conexión profunda con el mundo natural. Hoy en día esto resulta especialmente importante, ya que los niños tienen cada vez menos oportunidades de construir relaciones vivenciales con la naturaleza. Basándose en sus extensivas investigaciones, Richard Louv lamenta que "los niños están conscientes de las amenazas globales al medio ambiente—pero su contacto físico, su relación íntima con la naturaleza, se va mermando." Los huertos son lugares fantásticos para desarrollar la conciencia sensorial—sea la textura del suelo grumoso en nuestras manos, el dulce aroma del hinojo recién cortado, la belleza elegante de un gavilán colirrojo revoloteando en lo alto, la explosión de dulzura de un tomate cereza recién cortado de la planta, o el sonido del viento que se cuela por entre el alto pasto. Gracias a estas experiencias sensoriales impactantes, los niños profundizarán su conexión con su huerto, la naturaleza y la comida.

> *"Esta planta no es demasiado blandita, ni demasiado dura, ni demasiado espinosa; es perfecta para tocar."*
>
> — Niño en Troy Kids' Garden

> *"Las plantas están en perpetua evolución, respondiendo instantáneamente a variaciones meteorológicas, expresando los ciclos de las estaciones, presentando paletas de textura, color, forma, aroma y sonido; son inigualables en su capacidad de estimular los sentidos y de crear un efecto estético positivo."*
>
> — Robin C. Moore,
> *Plants for Play*
> (Plantas para Jugar)

UNA PRÁCTICA BASADA EN LA EVIDENCIA

Involucrar los sentidos es una práctica basada en la evidencia. Nos conectamos directamente con la naturaleza a través de los sentidos y varios investigadores han destacado la necesidad de esta conexión, particularmente durante las etapas de desarrollo infantil (Cosco y Moore, 2009; Louv, 2005). Cosco y Moore (2009) han notado la complejidad y profundidad sensorial del ambiente natural en cuanto se relaciona con el desarrollo motor y la integración sensorial de los niños y enfatizan la necesidad de que los niños tengan estas experiencias esenciales.

Ofrece una manera creativa de hacer ejercicio

Cuando viajo, procuro visitar huertos educativos y entornos diseñados para que los niños jueguen al aire libre en las varias comunidades por las que paso. Hace algunos años, tuve el privilegio de explorar una zona de juego fantástica en medio de la naturaleza en Boxerwood Nature Center & Woodland Garden en Lexington, Virginia. ¡Un aspecto que me llamó la atención fue un área diseñada para cavar! Me encantó la idea de un lugar específico en el huerto en donde los niños siempre tienen permiso de agarrar una pala y cavar. Una de las primeras cosas que hice al volver a casa fue instalar un área para cavar en Troy Kids' Garden. A través de los años, el área de cavar se ha mudado a sitios diferentes en el huerto—muchas veces a un área que queremos convertir en cama de cultivo el año siguiente. Además de todo lo que aprenden los niños al cavar en el suelo, ¡es una manera estupenda de hacer ejercicio!

Cavar es sólo una de las buenas actividades físicas que los niños pueden hacer en el aula del huerto. El huerto les ofrece a los menores un lugar excelente para hacer ejercicio creativo. Es decir, les ofrece un lugar para estar activos al aire libre—palear composta, acorralar gallinas, preparar camas de siembra, trepar árboles frutales, llevar heno de un lado para otro en la carretilla—todo ello con el propósito de cultivar alimentos saludables. Los chicos se ponen en forma y a la vez crean objetivos propios y tienen la satisfacción de producir comida para sí mismos, su familia y su comunidad.

Hay muchas herramientas excelentes que se pueden emplear para mejorar la forma física en el huerto, pero no hay nada como la ingeniosa carretilla de una rueda. Ésta proporciona una manera divertida y útil de desarrollar la coordinación y la fuerza por medio de acarrear cosas pesadas por los senderos del huerto. Otra forma excelente de hacer ejercicio en el huerto es subirse a los árboles frutales. Igual que el trabajo con carretilla, trepar árboles mejora el desarrollo de la coordinación muscular y la fuerza además de la forma física de los menores. Por supuesto, es necesario que al subirse a los árboles se sigan las reglas de seguridad establecidas por tu programa para cerciorarse que los niños estén sanos y seguros mientras trepan. Una vez tengas preparadas y aprobadas tus medidas de seguridad, los niños disfrutarán de la oportunidad de subirse a las ramas en busca de fruta madura en verano u otoño.

El huerto es uno de esos ambientes educativos dinámicos en los que se puede ejercitar la mente y el cuerpo al mismo tiempo. Hagas lo que hagas, sea caminar por el huerto para medir y comparar la altura y el crecimiento semanal de los girasoles, o cavar para encontrar artrópodos, hay muchas lecciones y actividades excelentes que se experimentan por interacción física directa con el huerto. Desde el punto de vista de la salud pública, esto resulta particularmente importante porque fuera de la clase de educación física, los estudiantes tienen muy pocas oportunidades de hacer ejercicio durante las horas lectivas del día escolar. El uso del huerto escolar durante el tiempo lectivo ayuda a reequilibrar el exceso de sedentarismo en el aprendizaje. Además de proveer un acceso regular a la actividad física durante el día escolar, el huerto expone a los estudiantes a dosis saludables de sol, tierra y comida nutritiva.

> *Cuando paleo muy bien me salen músculos fuertes.*

> *Me duelen las manos un montón después de llevar toda esa agua a los árboles. ¡Tengo muchísimas ganas de volver a hacerlo la semana que viene!*

> *¿Me viste? ¡Estaba caminando de lado a lado con la carretilla y ahora tengo los músculos adoloridos!*
>
> —Niños en Troy Kids' Garden

UNA PRÁCTICA BASADA EN LA EVIDENCIA

Ofrecerles a los niños una manera creativa de hacer ejercicio es una práctica basada en la evidencia. Varios estudios han mostrado que el tiempo que pasan en huertos escolares o en el patio de recreo en escuelas "verdes" aumenta la actividad física en los niños (Dyment y Bell, 2008; Hermann et al., 2006). Una prueba reciente aleatorizada y controlada sobre la actividad física en los huertos escolares en escuelas primarias de bajos recursos demostró que había un aumento significativo en la actividad y el movimiento físico de los niños que recibían clases en el huerto al aire libre en comparación con los niños que lo hacían en aulas dentro del edificio (Wells et al., 2014).

Sumérgete en la naturaleza

La temporada de moras en Troy Kids' Garden es un momento eufórico. Las moreras que rodean el huerto entretienen a los niños de todas las edades que buscan la fruta dulce en verano. Cuando los niños se suben a las moreras en busca de moras, entran en un mundo verde oscuro de corteza áspera y ramas flexibles, con rayos de sol penetrando la sombra e iluminando el dosel de hojas verdes y brillantes y la fruta morada oscura y jugosa. Es una experiencia rica de sumersión.

De manera parecida, en los primeros meses del otoño en Troy Kids' Garden, los niños comienzan sus ratos en el huerto con una visita al campo de frambuesas. Pasean por los senderos, mirando por debajo de las hojas espinosas en busca de la fruta roja y

> *Es una pena tener que estar adentro todo el tiempo porque así no puedes andar suelto y libre.*
>
> — Niño en Troy Kids' Garden

> *¡No puedo creer que la naturaleza tenga un sabor tan rico!*
>
> — Niño en Troy Kids' Garden

dulce. Aunque el campo de frambuesas queda a tan sólo diez pies (tres metros) de la carretera, siempre me impresiona la manera en que la ciudad parece desaparecer de vista mientras los niños se pierden entre las frambuesas, profundamente entretenidos con encontrar y comerse la deliciosa fruta. De esta manera, los niños tienen una provechosa experiencia de sumersión en la naturaleza a pesar del hecho de que están explorando un espacio verde relativamente pequeño, rodeado por las calles, los cables, y los edificios del paisaje urbano.

Un pequeño huerto urbano ¿cómo puede facilitarle a un niño una auténtica conexión con la naturaleza? Michael Pollan sugiere que "aunque la jardinería a primera vista no parece encerrar el drama o la grandeza de, por ejemplo, subir montañas, la mayor parte de nosotros recibimos de la jardinería nuestra experiencia más directa e íntima de la naturaleza—de sus satisfacciones, su fragilidad y su poder." A pesar del tamaño relativamente pequeño de la mayoría de los huertos y a pesar del entorno urbano, que a veces resulta bullicioso, un huerto puede ofrecerles a los niños una experiencia multifacética de sumersión en el mundo natural.

> *Los placeres duraderos del contacto con el mundo natural ... están disponibles para quienquiera que se ponga bajo la influencia de la tierra, el mar y el cielo y su vida espectacular.*
>
> — Rachel Carson, *El sentido del asombro*

Basándose en estudios sobre la preferencia ambiental, los psicólogos ambientales Rachel y Stephen Kaplan sugieren que respecto a la extensión, "la percepción de que podría haber más para explorar de lo que parece a primera vista" resulta "más importante que el tamaño." De modo que aunque un huerto educativo está lejos de la escala de un parque nacional, cuando los niños tienen la oportunidad de disfrutar a sus anchas de los espacios exploratorios de su huerto, pueden experimentar algo similar a lo que sentirían si estuvieran caminando por el corazón de Yosemite. Además, los Kaplan insisten que la horticultura aumenta "la percepción de la extensión" ya que "proporciona varias maneras de conectarse." Así pues, un huerto educativo relativamente pequeño puede proveer múltiples puntos de conexión gracias a los muchos niveles de exploración posibles en un terreno rebosante de flora y fauna diversas y abundantes.

Tal vez lo más importante sea que el huerto les ofrece a los niños un lugar en donde sentirse conectados con la naturaleza de manera habitual. La práctica de escoger un lugar específico del huerto en donde sentarse con regularidad para observar y apuntar los ciclos vitales de varias especies de plantas y animales a través de las estaciones puede resultar especialmente poderosa para cada uno de tus estudiantes. Mediante este tipo de práctica, tus estudiantes no sólo profundizarán sus conexiones con el huerto, sino que se volverán bastante conocedores acerca del mundo a su alrededor.

UNA PRÁCTICA BASADA EN LA EVIDENCIA

Sumergirse en la naturaleza es una práctica basada en la evidencia. Numerosos estudios han mostrado los beneficios mentales, emocionales y físicos de pasar tiempo en ambientes naturales (Hartig et al., 2014; Frumkin, 2001; Kaplan, 1995). Varios estudios han mostrado los beneficios restaurativos de la naturaleza para la salud de los niños en particular, en términos de amortiguar el estrés vital y de restaurar la atención en niños con trastorno de déficit de atención e hiperactividad (Wells y Evans, 2003; Taylor et al., 2001).

Establece conexiones con el hogar y la comunidad

Los niños siempre se han llevado a casa fruta y verduras recién cosechadas de Troy Kids' Garden, pero hace varios años, decidimos formalizar esta experiencia para los estudiantes. Creamos un puesto de mercado para que los niños pudieran "ir a la tienda" al terminar su rato en el huerto. Un día, un niño pequeño incluso vino al huerto con una lista de verduras que su abuela le había pedido llevar a casa para la cena. ¡Fue una satisfacción verlo salir para su casa ese día con una bolsa de vegetales que él mismo había ayudado a cultivar! Los niños experimentan una sensación profunda de logro cuando se les da una oportunidad de sustentar a su familia.

En nuestro programa en Goodman Youth Farm, los jóvenes participan de forma activa en cultivar miles de libras (kilos) de vegetales y fruta cada año. Donamos la mayoría a un banco de alimentos local que opera dentro de un centro comunitario en donde muchos de nuestros estudiantes participan en programas extraescolares y de verano. Los estudiantes realizan la cosecha y el manejo posterior de lo producido, además de pesar, empaquetar y entregar vegetales frescos al banco de alimentos. Este trabajo voluntario es una extensión fantástica del aprendizaje de nuestros estudiantes—la capacidad de cultivar grandes cantidades de alimentos para la comunidad les hace sentirse empoderados.

Otra gran manera de extender el aprendizaje es desarrollar un programa para gestionar un puesto de mercado. Al igual que donar comida a un banco de alimentos, esta experiencia les da a los jóvenes una oportunidad de cultivar alimentos para su comunidad. En este caso, los estudiantes también adquieren una serie de destrezas vocacionales valiosas relacionadas con el mercadeo y la venta de hortalizas frescas en un ambiente público—además de una oportunidad excelente de mejorar su cálculo mental.

El huerto mismo puede servir como un valioso recurso comunitario que une a los padres y vecinos. Una colega mía cuenta la historia de cuando conoció a otra madre en el huerto educativo de su hijo, una madre que se había mudado del sur de la India a Madison hacía poco. La madre que conoció describió cómo le permitieron cortar flores frescas del huerto escolar para sus ceremonias. Reveló que al cortar flores del huerto tuvo la sensación de estar en casa por primera vez en los Estados Unidos.

Hay muchas maneras en las que el huerto también puede servir de vehículo poderoso para la colaboración de la comunidad. Invita a miembros de tu comunidad a asistir a un foro de diseño participativo, lo cual permitirá que se incluya una gama de voces diversas en el proceso de planear el huerto. Del mismo modo, invitar a toda la comunidad a colaborar para crear un huerto escolar o uno comunitario para jóvenes fomenta el entusiasmo y la solidaridad del grupo entero respecto al entorno educativo del huerto. Celebrar eventos cada temporada para festejar los logros de tus estudiantes es otra manera estupenda de profundizar los vínculos de la comunidad con el huerto. Al invitar a un segmento más amplio de la comunidad a participar en el huerto, aumentarás el impacto y la sostenibilidad de tu programa de horticultura.

> *¿Podemos hacer ramos de flores la semana que viene para regalárselos a nuestros padres? Porque se lo merecen.*

> *Voy a llevar mi segunda bolsa [de manzanas] al refugio.*

> *¿Puedo llevarme algunas de estas pepitas de melón a casa? Aunque supongo que debería de pedirle permiso a mi padre porque igual se lleva un disgusto si corta el césped y hay melones por todas partes.*

— Niños en Troy Kids' Garden

UNA PRÁCTICA BASADA EN LA EVIDENCIA

Establecer conexiones con el hogar y la comunidad es una práctica basada en la evidencia. La participación de la comunidad y de las familias tiene un impacto positivo en muchas medidas de desarrollo infantil, incluyendo las destrezas sociales, la conducta, la autoestima, y el rendimiento escolar (Israel et al., 2001). Varios investigadores han señalado las conexiones a sectores más amplios de la comunidad en general como resultado de la horticultura escolar o comunitaria (Armstrong, 2000; Carney et al., 2012). En un análisis de los efectos de la horticultura escolar realizado por Blair (2009), todos los siete estudios cualitativos reportaron un fuerte componente de fortalecimiento de lazos comunitarios que incluía más interacción con adultos y con la comunidad en general.

Interactúa con lombrices, abejas, gallinas y otros animales

A lo largo de los años, he tenido bastantes interacciones con niños en nuestro corral de gallinas que se parecen a ésta: una niña levanta la mano para recibir un poco de alimento para gallinas. "¿La gallina me va a picar la mano?" pregunta, un poco ansiosa. "Es posible," le digo. "¿Me va a doler?" me pregunta. "Un poco," contesto, "pero más que nada te hará cosquillas." La niña se agacha nerviosa, extendiendo la palma de la mano para que la gallina vea el alimento. La gallina se acerca y cuando inclina el pico hacia su mano para picar los granos, la niña se encoge un poco. ¡Luego, chilla entusiasmada! Se levanta con una gran sonrisa valiente en la cara y dice, "¿Me das más alimento?"

Las gallinas son auténticas estrellas de rock en el huerto escolar o comunitario para jóvenes. Los niños anhelan darles de comer, acariciarlas, y cargarlas en brazos. En Troy Kids' Garden, uno de los acontecimientos más anticipados es la lotería diaria del huevo, en la que el niño ganador puede llevarse un huevo recién puesto a casa. Como se ve en la ilustración a la izquierda, los niños pueden formar lazos emocionales muy fuertes con las gallinas. En realidad, a los niños les fascinan *todos* los animales. Además, hay muy pocos entornos para el aprendizaje estructurado que les permiten a los niños interactuar con animales salvajes y domésticos tanto como ocurre en el aula del huerto. Solemos considerar el huerto principalmente como el reino de las plantas, pero al enfatizar el reino animal en nuestros huertos educativos, creamos una experiencia de aprendizaje infinitamente más rica para nuestros estudiantes.

La lombriz es probablemente el animal más icónico del huerto. A los niños les encanta buscarlas cavando en el suelo o en los cubos para lombrices. Disfrutan del cosquilleo que les produce una lombriz contorneándose en la palma de la mano. Las lombrices también representan una oportunidad de conocer el importante ciclo de nutrientes que une las plantas y los animales de maneras sorprendentes.

Las abejas también son animales muy buenos para un huerto educativo. Hace varios años, comenzamos un programa de apicultura infantil en Goodman Youth Farm. Ha sido una inspiración ver a los chicos cuidar de las colmenas. Un niño en particular quedó fascinado con las colmenas. A veces, sentía emociones muy fuertes y decía que el zumbido de la colmena le ayudaba a tranquilizarse y a relajarse. Le gustaba trabajar con las abejas porque tenía que comportarse de forma tranquila y pacífica para evitar que lo picasen.

A los niños también les intrigan las relaciones entre cazadores y presas en el huerto. Los estudiantes se divierten explorando estas relaciones mediante juegos sobre la naturaleza como "Murciélago y mariposa" (Bat and Moth) de Joseph Cornell—en el que pueden actuar de presa y de cazador en un juego activo de interpretación de roles. Del mismo modo, los niños disfrutan de aprender que ciertas plantas, como el hinojo o el eneldo [*también llamado aneto, aneldo o abesón*], atraen al huerto insectos cazadores beneficiosos como las mariquitas. Incluso plagas del huerto, como los escarabajos de la papa, estimulan su curiosidad. A los estudiantes más aventureros se les puede dar la oportunidad de cazar y coleccionar escarabajos de la papa en el huerto. Pueden dárselos de comer a las gallinas residentes o, para una auténtica experiencia de sumersión, ¡pueden aplastarlos con los dedos!

> *En la medida en que lleguemos a entender a otros organismos, los valoraremos más y nos valoraremos más a nosotros mismos.*
> — E.O. Wilson, *Biophilia*

> *Si sólo pudiera tener tres animales en el mundo tendría una gallina, una gallina y una gallina.*

> *Te voy a mostrar un buen lugar para encontrar lombrices. Sígueme.*
> — Niños en Troy Kids' Garden

UNA PRÁCTICA BASADA EN LA EVIDENCIA

Interactuar con animales es una práctica basada en la evidencia. Se ha demostrado que interactuar con animales aumenta el respeto hacia otros seres vivos además de tener efectos positivos en la salud y el bienestar (Bratman et al., 2012; Esposito et al., 2011; Frumkin, 2001). En un estudio cualitativo en un distrito escolar urbano, docentes de educación preescolar hasta el tercer grado reportaron cambios positivos en el comportamiento de los niños hacia los seres vivos y hacia sus propios compañeros de clase durante un proyecto de concienciación ambiental que incluía ratos al aire libre (Basile y White, 2000).

Trabaja y juega en el huerto

¡Unos niños de un programa extraescolar cercano me dijeron una vez que se lo pasaban tan bien en el huerto como en la piscina! Nos sentimos muy honrados por esa comparación ya que, de todos los lugares que visitan durante el verano, la piscina es obviamente la predilecta. Era también profundamente gratificante porque nos habíamos esforzado para que el huerto fuera un lugar divertido en donde pasar el tiempo. Sabíamos por nuestros años de experiencia que puedes lograr todos tus objetivos educativos y mucho más creando un entorno entretenido en el que los niños aprenden explorando.

Para muchos jóvenes, los huertos son divertidos porque en ellos se trabaja de verdad. A los niños les encanta poder usar herramientas reales para plantar semillas, cuidar de las plantas, cultivar la tierra y llevar carretillas llenas de virutas de madera y abono. Les resulta entretenido y gratificante. Además, el trabajo en el huerto es una valiosa actividad divertida que fomenta el desarrollo.

¡Otro aspecto satisfactorio de jugar y trabajar en el huerto es que los niños se sienten libres para ensuciarse! Sea preparando una cama de siembra o elaborando platos imaginarios de comida en el barro, a muchos niños les encanta trabajar y jugar con la tierra. Además, un número creciente de investigaciones dicen que el contacto regular con tierra es bastante bueno para nuestra salud (ver la sección de Práctica Basada en la Evidencia abajo).

Al mismo tiempo, los niños a veces temen jugar y trabajar en la tierra por varios motivos, desde la preocupación de ensuciarse la ropa hasta el miedo a tocar la tierra. Considera cómo puedes apoyar a tus estudiantes de manera culturalmente competente para ayudarlos a sentirse seguros y a gusto cuando tocan tierra en el huerto. Por ejemplo, es recomendable tener a mano botas, ropa de trabajo, gorros e impermeables de uso común para que los estudiantes no tengan que preocuparse de ensuciarse los zapatos o la ropa. Proporcionar lugares para limpiarse después, como sitios para lavarse las manos, también les ayudará a sentirse más cómodos ensuciándose en el huerto.

> " *A veces me gusta ensuciarme ... sobre todo cuando estoy plantando.* "
>
> " *Me estoy ensuciando mucho. ¡Es lo que más me gusta!* "
>
> — Niñas en Troy Kids' Garden

Plantar es una de las maneras más efectivas de ayudar a los estudiantes a sentirse a gusto trabajando con la tierra en el huerto. Hay pocas acciones tan sagradas y fascinantes como colocar una semilla en la tierra. Me acuerdo de una niña que tenía muchas ganas de plantar frijoles alrededor de un soporte en forma de tipi, a pesar de su miedo de tocar la tierra. Mientras caminaba alrededor del tipi con un puñado de frijoles en la mano izquierda, inclinaba toda la parte superior del cuerpo lejos del surco para estar a una distancia máxima del suelo. Sin embargo, por su distancia de la tierra, los frijoles que arrojaba caían fuera del surco. Se agachaba rápidamente y con un golpecito del dedo devolvía el frijol descarriado al surco, luego volvía a enderezarse. Pasé a su lado varias veces durante el periodo de cinco minutos en el que plantaba el surco. Cada vez que pasaba, su cuerpo se aproximaba poco a poco al suelo, hasta que por fin, estaba arrodillada en la tierra y colocaba cada frijol cuidadosamente en el surco.

UNA PRÁCTICA BASADA EN LA EVIDENCIA

La importancia del juego y de ensuciarse es una práctica basada en la evidencia. El significado y la seriedad del juego se han validado mediante la investigación y se han escrito varios libros al respecto (Brown, 2009; Frost et al., 2008; Ginsburg, 2007). El juego se considera tan esencial al desarrollo y bienestar infantil que ha sido reconocido como un derecho humano por las Naciones Unidas (1989).

La idea de que ensuciarse es bueno para los niños encontró apoyo científico con la "hipótesis de la higiene" de Strachan en 1989 (Strachan, 2000). Desde entonces, una larga lista de estudios apoyan la idea de que exponerse a la tierra es bueno para los niños, ya que potencialmente puede fortalecer el sistema inmunológico, disminuir la ansiedad, alegrar el estado de ánimo, mejorar el aprendizaje, bajar el riesgo de enfermedades cardiovasculares y disminuir las alergias y los episodios de asma más adelante en la vida (American Society for Microbiology, 2010; Channick, 2010; Lowry et al., 2007; Platts-Mills et al., 2005; Yazdanbakhsh et al., 2002). Para una guía accesible sobre cómo ensuciarse, consulta el libro *Why Dirt is Good: 5 Ways to Make Germs Your Friends* (Ruebush 2009).

Utiliza un plan integral de estudios

En Troy Kids' Garden tenemos una zona muy utilizada y muy querida para hacer música al aire libre. Incluye una estructura de madera en forma de "A," de la que cuelgan trastes de cocina comprados en una tienda local de segunda mano, además de timbales donados y tambores improvisados de cubetas de 5 galones. La zona de música se basó originalmente en el "árbol de melodías" (Tree o' Tunes) del huerto educativo de Life Lab Garden Classroom en Santa Cruz, California y, a través de los años, ha inspirado a varios profesores por aquí a instalar estructuras similares en sus huertos escolares.

Un año, hubo un grupo de niños a los que inicialmente no les interesaba la jardinería, pero que acabaron formando un vínculo fuerte con el área de hacer música. Pasaron la mayor parte de su tiempo en el huerto creando ritmos de percusión y rap improvisado.

A medida que evolucionaba su grupo de música espontánea, empezaron a dar actuaciones para sus compañeros en nuestro escenario "vivo" de tierra. Una vez, hasta prepararon anuncios para un concierto un viernes por la tarde y los repartieron a todos los estudiantes y profesores de la escuela. La conexión que estos estudiantes habían creado con el huerto mediante la música fue poderosa. Con el tiempo, esta conexión primaria los llevó a explorar y disfrutar del huerto desde la perspectiva de otras disciplinas también. Una de las grandes ventajas del aula del huerto es que se presta tan bien a la enseñanza de una amplia gama de asignaturas—desde música hasta botánica, matemáticas o escritura creativa. Una aproximación interdisciplinaria aprovechará al máximo tu aula dinámica al aire libre.

El huerto también puede servir de recurso común excelente para la colaboración entre profesores. En una de nuestras escuelas, los profesores coordinaron hace poco una experiencia de aprendizaje multidisciplinaria para sus estudiantes de sexto grado que duró un semestre entero y se enfocaba en planificar, diseñar e instalar un nuevo huerto escolar. En la clase de ciencias, los estudiantes empezaron por examinar mapas aéreos del recinto escolar y seleccionar seis sitios posibles para el nuevo huerto. Trabajando en equipos, recopilaron datos para cada sitio, incluyendo el número de horas de sol directo, la distancia a la fuente de agua más cercana, etcétera. Llevaron esos datos recopilados a la clase de lengua inglesa, donde los interpretaron para luego redactar argumentos formales a favor o en contra de cada sitio. Después de reflexionar sobre cada argumento, votaron por el sitio óptimo. Una vez seleccionado el sitio, los estudiantes elaboraron una lista de las características del huerto de sus sueños.

Luego, la lista de características de sueño además del sitio seleccionado y los datos a su favor se llevaron a la clase de matemáticas. Los estudiantes usaron las medidas del perímetro y del área para crear un mapa sobre el que superponer las distintas partes del diseño del huerto a escala en papel cuadriculado. El mapa final del huerto se llevó a la clase de estudios sociales, en la que prepararon una charla formal que describía el proceso entero, empezando con la recopilación inicial de datos en la clase de ciencias. Primero presentaron su charla a sus compañeros de clase durante el día escolar y luego se pusieron corbatas y vestidos para presentarla a la comunidad entera, incluyendo a sus padres, vecinos y profesores. En cada charla, mostraban su mapa del huerto e invitaban a los espectadores a opinar sobre el diseño final. Esa primavera—después de un semestre entero de colaboración en la recopilación, el inventario y el análisis de datos, la toma de decisiones, el diseño, las discusiones y la presentación—la clase de sexto sacó taladros y palas ¡e instaló su huerto de sueño en el recinto escolar!

> *Todas las ciencias y las letras se enseñan como si fueran separadas. Se separan sólo en el salón de clase. Al salir de allí al campus, se fusionan inmediatamente.*
>
> — Aldo Leopold, *The Role of Wildlife in a Liberal Education*

> *El estudio de la naturaleza, cuando surja del intento entusiasta del niño de triunfar en el huerto, proporciona abundante materia para usar en clases de redacción, ortografía, lectura, aritmética, geografía e historia. Un bicho real que el niño encuentre comiéndose una col en su propio huertecito se describirá con ganas en la clase de redacción.*
>
> — George Washington Carver, *Nature Study and Gardening for Rural Schools*

UNA PRÁCTICA BASADA EN LA EVIDENCIA

Utilizar un plan integral de estudios es una práctica basada en la evidencia. Los planes integrales de estudios y el aprendizaje basado en proyectos son maneras efectivas de enseñar a los estudiantes y se pueden alinear con los estándares escolares "Common Core" [*para conocimientos de matemáticas y lengua inglesa*] y otros modelos académicos (Drake, 2012; Drake et al., 2010). En un estudio de 2007, Krajcik y otros demostraron que un plan integral de estudios basados en proyectos enfocados en los estándares nacionales para ciencias conllevó mejoras considerables y significativas en el aprendizaje de los estudiantes.

Cultiva una conexión con los alimentos

Un día en el huerto, me encontré con un niño que comía con fruición un taco que acababa de crear usando una hoja de lechuga en vez de una tortilla. La gran hoja verde rebosaba con una extraña mezcla de comestibles recién cosechados del huerto, incluyendo moras, frondas de helecho y flores de cebolleta. Le pregunté si era lo mejor que se había comido jamás y después de pensárselo un momento contestó, "No." Le pregunté cuál era la cosa más sabrosa que se había comido, a lo que replicó, "Una hamburguesa Big Mac." "De acuerdo," le respondí. "Sé que es un plato popular. ¿Cómo se compara lo que te estás comiendo con una Big Mac?" Después de otra pausa para reflexionar, contestó, "Iguales."

> " *Suerte, amigo pepino, espero que te hagas grande para volverte pepinillo.* "
>
> — Niña en Troy Kids' Garden

¡Dios mío, a los ojos de un urbanita de 10 años, un taco vegetal lleno de fruta y verduras sabe tan bien como una Big Mac! Por muy delicioso que esté un burrito hecho de lechuga, me imagino que en una degustación de platos, la mayor parte de los niños diría que un Big Mac sabe mejor que una hoja de lechuga llena de moras, frondas de helecho y flores de cebolleta. Entonces, ¿por qué estaba tan delicioso ese taco de lechuga? El niño tenía una relación más íntima con ese taco que con cualquier otro plato que pudiera encontrar. Era un taco de su huerto. Estaba lleno de comida que él había cultivado, cosechado y preparado. Allí está el poder de la educación basada en los huertos. Mediante su relación con la tierra, los niños desarrollan una conexión profunda a la fruta y verduras frescas que comen.

Además de ser lugares excelentes para impartir a los jóvenes una multitud de asignaturas académicas, los huertos son entornos ideales para educar a los niños acerca de los alimentos. Esto es providencial, ya que vivimos en una época en la que muchos niños no saben de dónde viene la comida—ni mucho menos cómo se cultiva. La desconexión cada vez mayor entre las personas y los orígenes de su comida no sólo amenaza nuestra salud sino la de nuestro planeta. Los huertos educativos ofrecen un entorno pedagógico excepcional para que los niños se reconecten con los buenos alimentos y aprendan exactamente de dónde viene su comida mediante la experiencia directa.

Al enseñar a los jóvenes a cultivar sus propios alimentos, les presentamos un sistema inigualable de alimentación local, en el que asumen el doble rol de cultivadores y consumidores. A medida que llegan a comprender que la comida viene de plantas vivas, aprecian más los alimentos que comen. Un pepino se vuelve más que mercancía cuando se vincula con la planta que lo dio, con la lluvia, la tierra, el aire y el sol que lo alimentaron y con los niños y adultos que lo cuidaron desde la semilla hasta la cosecha. Este tipo de oportunidades para aprender del huerto tiene la capacidad de mejorar la experiencia que suelen tener los jóvenes con la comida.

> " *Hay dos peligros espirituales de no ser dueño de una granja. Uno es suponer que el desayuno viene del supermercado y el otro que el calor viene de la caldera. Para evitar el primero, hay que sembrar un huerto, preferiblemente en donde no haya supermercado para no confundir las dos cosas.* "
>
> — Aldo Leopold, *A Sand County Almanac*

UNA PRÁCTICA BASADA EN LA EVIDENCIA

Cultivar una conexión con los alimentos es una práctica basada en la evidencia. Numerosos estudios vinculan los huertos escolares con una mejoría en las actitudes, los conocimientos y la preferencia de los niños por la fruta y los vegetales, además de aumentar su consumo de estos alimentos (para algunos ejemplos, ver Gatto et al., 2012; McAleese y Rankin, 2007; Ratcliffe et al., 2011). En un estudio de 43 niños, Hermann et al., (2006) encontraron que el número de niños que reportaba haber comido vegetales todos los días aumentó del 21% al 44% después de participar en un programa extraescolar de educación y jardinería. En otro, un sondeo de 83 padres y madres de alumnos de primaria antes y después de participar en un programa de verano sobre la jardinería del YMCA encontró un aumento significativo en la frecuencia con la que los niños pedían fruta o vegetales en casa (Heim et al., 2011).

Cultiva un sentimiento de apego al lugar

Sabes que tu programa de jardinería está llevando a cabo algo extraordinario y duradero cuando empiezas a escuchar a tus alumnos decir cosas como, "Me encanta este lugar, me trae buenos recuerdos," u "Ojalá pudiéramos pasar todo el día aquí," o "Si ganara $100.000, ¡los donaría a este lugar!" Estas frases pronunciadas por niños en Troy Kids' Garden ilustran cómo los jóvenes pueden formar vínculos fuertes con lugares importantes en sus vidas. Cuando les proporcionamos un entorno educativo al aire libre al que se sienten profundamente ligados, se puede desencadenar un proceso singular de aprendizaje.

> *"No quiero irme, ¿puedo vivir aquí?"*
> — Niña en Troy Kids' Garden

Cultivar un sentimiento de apego al lugar es un componente clave—y a veces subestimado—del éxito de un programa de jardinería educativa. Como educadores, a veces nos preocupamos tanto de nuestros planes de clases, de las actividades planificadas y de otros eventos que perdemos de vista la relación esencial que debemos cultivar entre nuestros estudiantes y el huerto mismo. El vínculo emocional que los jóvenes forman con el huerto y la comunidad del huerto será tierra fértil para el aprendizaje profundo y la conexión. Si puedes ayudar a tus alumnos a sentir que el huerto es suyo, que es su lugar, tu programa florecerá de veras. Como cuidadores empoderados del huerto, los niños desarrollan un sentimiento de apego al lugar además de sentir que tienen un propósito mientras cultivan alimentos a lo largo de la temporada.

En *The Geography of Childhood* (*La geografía de la infancia*), Gary Paul Nabhan y Stephen Trimble expresan su preocupación sincera por el hecho de que "ahora muy pocos niños al crecer incorporan plantas, animales y lugares en su idea de lo que constituye su hogar." Esto es preocupante—los niños necesitan este tipo de conexiones. Siempre me llama la atención que los niños hablan de querer vivir en el huerto. A medida que los jóvenes forman vínculos con el huerto, a medida que las plantas, los árboles, las piedras y los animales que viven allí se vuelven familiares y reconfortantes, empiezan a sentirse en casa. Los estudiantes que puedan estar experimentando transiciones en su entorno familiar se benefician especialmente del ambiente sólido y seguro del huerto. El huerto de veras representa un lugar especial, sobre todo en zonas urbanas, un lugar en el que los niños se sienten en casa en un espacio al aire libre.

En el huerto escolar o comunitario para jóvenes, el apego al lugar se cultiva en conjunto—una comunidad humana diversa de niños y adultos colaborando para crear un huerto educativo. Juntos, crean un espacio rico de aprendizaje estrechamente vinculado a la vida del vecindario. Es un lugar en el que los niños pueden conectarse con la naturaleza y la buena comida. Es un lugar en el que aprenden sobre el mundo. Es un lugar de gratos recuerdos y sueños.

> *En la práctica, la educación basada en el lugar ... enfatiza la exploración creativa y el entendimiento gozoso de los vínculos que conectan a una persona con la naturaleza y la cultura en la que vive. Lo hace porque surge de la convicción de que el amor—a la naturaleza, a nuestros vecinos y a nuestra comunidad—es un motor principal de la transformación personal y cultural.*
> — Laurie Lane-Zucker, Prólogo de *Place-Based Education* (*La educación basada en el lugar*) por David Sobel

UNA PRÁCTICA BASADA EN LA EVIDENCIA

Cultivar un sentimiento de apego a un lugar es una práctica basada en la evidencia. Numerosos estudios han mostrado que el apego a un lugar contribuye al bienestar, la salud y la convivencia en niños y adultos y tiene correlatos biológicos en el cerebro humano (Lengen y Kistemann, 2012; Derr, 2002; Sobel, 1998; Gesler, 1992). Un estudio de niños en Canberra, Australia por Measham (2007) encontró que la educación vivencial basada en un lugar durante la niñez influye fuertemente en la comprensión de temas ambientales y el deseo de proteger el medio ambiente y que tales resultados también dependían mucho del tiempo pasado al aire libre con los padres u otras personas mayores.

Nota sobre la recopilación de evidencia

Del despacho de Environmental Design Lab

Estimado profesional,

Los que trabajamos en el mundo de la educación basada en los huertos vemos su impacto positivo todos los días, pero los que promovemos los huertos para menores muchas veces enfrentamos la tarea de convencer a los administradores y patrocinadores de su valor. La evidencia de los efectos beneficiosos de la jardinería para niños se presenta de muchas formas y tú mismo puedes recopilarla.

Primero, cuestiónate y pregúntales a tus colegas acerca de qué es lo que querrían saber los patrocinadores potenciales. Puedes recolectar evidencia sobre el tiempo pasado en el huerto y su uso, la participación familiar o comunitaria, el respeto al medio ambiente generado a largo plazo, la actividad física, o la comida saludable, para nombrar sólo algunas cosas. Después de decidir el tipo de tema sobre el que quieres informarte, evalúa tu tiempo y tus recursos. ¿Quién está disponible para ayudar? ¿Puedes encontrar voluntarios o alguien que quiera liderar un proyecto interesante?

Con las respuestas a esas preguntas, estarás en buen camino para recolectar tus propias pruebas de los efectos positivos de la jardinería para los menores. Mira la página siguiente para ver algunas ideas para la investigación y la evaluación y algunas técnicas con el mismo fin.

Aquí tienes algunas maneras de recolectar tus propias pruebas

1. **Colecciona datos numéricos sobre el uso de tu huerto.** Por ejemplo, puedes documentar cuántos niños usan el huerto y por cuánto tiempo (por ejemplo, horas por semana, por clase, o por temporada). Puedes contar las horas de los voluntarios, las horas de participación de los padres o el número de visitas repetidas. Para evaluar la participación de las familias, podrías preguntar cuántos niños han venido con familiares, y cuánto tiempo se quedaron. ¿Cuántos niños han vuelto cada año? Los educadores o el personal del programa muchas veces pueden recopilar estos datos bastante fácilmente rellenando un formulario o cuaderno al final de cada visita al huerto y haciéndoles algunas preguntas a los visitantes.

2. **Colecciona datos sobre un tema en particular.** Por ejemplo, puede que quieras saber cómo influye la jardinería en las conductas relacionadas con la nutrición en los menores. Puedes observar a los niños que saborean frutas y verduras en el huerto. Puedes preguntarles si están dispuestos a probar fruta o verduras nuevas. Puedes preguntarles a los padres respecto a los hábitos alimentarios de sus hijos. Recolectar datos por temas antes y después de un programa de jardinería permite ver los cambios potenciales.

3. **Realiza sondeos, entrevistas o grupos focales.** Cada uno de estos métodos tiene sus propias ventajas y dificultades, pero todas ofrecen buenas maneras de obtener más información de educadores, padres, miembros de la comunidad y niños. Los sondeos online y en papel son buenas maneras de recolectar datos más sencillos, mientras que las entrevistas y los grupos focales te permiten profundizar en temas particulares. Los niños incluso pueden realizar los sondeos ellos mismos.

4. **Realiza un estudio.** Se necesitan urgentemente más estudios que demuestren los impactos positivos de la educación basada en los huertos. Los estudios publicados en este libro muchas veces surgieron de colaboraciones entre educadores, organizaciones de jardinería juvenil e investigadores académicos. Los investigadores pueden proporcionar conocimientos valiosos sobre el diseño y la evaluación de una investigación y los estudios muchas veces ofrecen oportunidades de financiación para compensar los costes adicionales y el tiempo del personal necesario para participar en ellos. Infórmate en una escuela profesional o universidad local para averiguar si habrá socios posibles, o pregúntales a los padres, miembros de la comunidad u otros miembros del personal si conocen a alguien o si podrían recomendar a alguien para ser socio. Entablar una conversación con un investigador puede conducir a una colaboración fructífera que dure toda la vida.

Referencias

Epígrafo

Leopold, A. (1991). The role of wildlife in a liberal education. In S. L. Flader & J. B. Callicott (Eds.), *The river of the mother of God and other essays by Aldo Leopold* (p. 302). Madison, WI: University of Wisconsin Press.

Pyle, R. M. (1993). *The thunder tree: Lessons from an urban wildland* (p. xvii). Boston, MA: Houghton Mifflin Company.

Permite que el huerto sea el maestro

Cornell, J. (1998). *Sharing nature with children* (pp. 14-15). Nevada City, CA: DAWN Publications.

Havighurst, R. J. (1953). *Human development and education*. New York, NY: D. McKay.

Havighurst fue el primero en popularizar el término "momento educativo."

Hyun, E., & Marshall, J. D. (2003). Teachable moment-oriented curriculum practice in early childhood education. *Journal of Curriculum Studies*, *35*(1), 111-127.

Hyun y Marshall sostienen que la educación no implica sólo enseñar—los profesores también necesitan ser aprendices, dejándose guiar por los niños.

Rahm, J. (2002). Emergent learning opportunities in an inner-city youth gardening program. *Journal of Research in Science Teaching*, *39*(2), 164-184.

En un programa informal de jardinería práctica para niños y jóvenes, una comunidad de aprendizaje emergió del entorno del huerto mediante la participación de los estudiantes en actividades que ellos consideraban valiosas, significativas y auténticas.

Procura que aprendan por experiencia directa

Bailey, L. H. (1919). Child's realm. *Wind and weather* (p. 119). Ithaca, NY: The Comstock Publishing Company.

Chawla, L. (2007). Childhood experiences associated with care for the natural world: A theoretical framework for empirical results. *Children Youth and Environments*, *17*(4), 144-170.

El respeto y la protección del medio ambiente por parte de los adultos se asocian con experiencias positivas de la naturaleza y buenos modelos de comportamiento durante la infancia.

Chawla, L. (2009). Growing up green: Becoming an agent of care for the natural world. *The Journal of Developmental Processes*, *4*(1), 6-23.

Chawla examina cómo los niños pueden llegar a cuidar activamente del mundo natural durante su desarrollo y cómo desarrollan empatía y compasión por otros seres vivos.

Davis, J. (1998). Young children, environmental education, and the future. *Early Childhood Education Journal*, *26*(2), 117-123.

Davis defiende y analiza la educación ambiental y las dificultades que han de sortear los educadores que quieran dar herramientas a los niños para poder crear un futuro sostenible.

Desmond, D., Grieshop, J., & Subramaniam, A. (2002). Revisiting garden based learning in basic education: Philosophical roots, historical foundations, best practices and products, impacts, outcomes, and future directions. *International Institute for Educational Planning*.

Grieshop y Subramaniam dan una perspectiva internacional y un resumen exhaustivo de la teoría e historia educativas y de las mejores prácticas de la enseñanza basada en los huertos.

Kellert, S. R. (2002). Experiencing nature: Affective, cognitive, and evaluative development in children. In P. H. Kahn & S. R. Kellert (Eds.), *Children and nature: Psychological, sociocultural, and evolutionary investigations* (pp. 117-151). Cambridge, MA: MIT Press.

El contacto con la naturaleza tiene un efecto positivo en varios aspectos de la maduración infantil, incluyendo el desarrollo emocional, cognitivo y de valores.

Kolb, D. A. (1984). *Experiential learning: Experience as the source of learning and development*. Englewood Cliffs, NJ: Prentice-Hall.

Mabie, R., & Baker, M. (1996). A comparison of experiential instructional strategies upon the science process skills of urban elementary students. *Journal of Agricultural Education, 37*, 1-7.

La participación en el aprendizaje vivencial vinculado a la agricultura afecta de manera positiva el desarrollo de destrezas científicas.

Parmer, S. M., Salisbury-Glennon, J., Shannon, D., & Struempler, B. (2009). School gardens: An experiential learning approach for a nutrition education program to increase fruit and vegetable knowledge, preference, and consumption among second-grade students. *Journal of Nutrition Education and Behavior, 41*(3), 212-217.

El aprendizaje vivencial en un huerto escolar produce aumentos en el consumo de fruta y verduras.

Rahm, J. (2002). Emergent learning opportunities in an inner-city youth gardening program. *Journal of Research in Science Teaching, 39*(2), 164-184.

En un programa informal y vivencial de jardinería para jóvenes, una comunidad educativa emergió del entorno del huerto gracias a la participación de los estudiantes en actividades que ellos consideraban valiosas, significativas y auténticas.

Roberts, J. W. (2011). *Beyond learning by doing: Theoretical currents in experiential education*. Florence, KY: Routledge, Taylor & Francis Group.

Smith, L. L., & Motsenbocker, C. E. (2005). Impact of hands-on science through school gardening in Louisiana public elementary schools. *HortTechnology, 15*(3), 439-443.

El uso de la jardinería y los trabajos manuales en clase una vez por semana ayudan a mejorar las calificaciones en exámenes de conocimientos científicos.

Deja que los niños sean los jardineros

Bailey, L. H. (1904). A children's garden. *Cornell nature-study leaflets* (p. 379). Albany, NY: J.B. Lyon Company, Printers.

Hyun, E., & Marshall, D. J. (2003). Teachable moment-oriented curriculum practice in early childhood education. *Journal of Curriculum Studies, 35*(1), 111-127.

Hyun y Marshall argumentan que la educación no consiste sólo en la enseñanza—los profesores también necesitan ser aprendices, dejándose guiar por los niños.

James, J. J., & Bixler, R. D. (2008). Children's role in meaning making through their participation in an environmental education program. *The Journal of Environmental Education, 39*(4), 44-59.

James y Bixler destacan la importancia de tener que escoger entre alternativas y de tener experiencias directas en la creación de significado y el aprendizaje.

Rahm, J. (2002). Emergent learning opportunities in an inner city youth gardening program. *Journal of Research in Science Teaching, 39*(2), 164-184.

En un programa informal y vivencial de jardinería para jóvenes, una comunidad educativa emergió del entorno del huerto gracias a la participación de los estudiantes en actividades que ellos consideraban valiosas, significativas y auténticas.

Wake, S. J. (2007). Children's gardens: Answering 'the Call of the Child'? *Built Environment, 33*(4), 441-453.

Los niños deben participar en el diseño de los huertos además de ayudar a cultivarlos.

Desarrolla la autoeficacia preparando a los niños para el éxito

Bandura, A. (1997). *Self-efficacy: The exercise of control*. New York: Freeman.

Bandura, A. (2000). Exercise of human agency through collective efficacy. *Current Directions in Psychological Science, 9*(3), 75-78.

Bandura examina la autoeficacia colectiva y cómo fomenta el compromiso y la motivación de los grupos con respecto a su misión, su capacidad de sobrellevar la adversidad y sus logros.

Bandura, A., Barbaranelli, C., Caprera, G., & Pastorelli, C. (1996). Multifaceted impact of self-efficacy beliefs on academic functioning. *Child Development, 67*(3), 1206-1222.

La creencia de los niños de que pueden desempeñar bien ciertas asignaturas académicas depende no sólo de su rendimiento verdadero, sino de otras medidas como las relaciones con sus compañeros, la participación de sus padres y la confianza de que pueden dirigir su propio aprendizaje.

Bandura, A. (1994). Self-efficacy. In V. S. Ramachaudran (Ed.), *Encyclopedia of human behavior* (Vol. 4) (pp. 71-81). New York: Academic Press. (Reprinted in H. Friedman [Ed.], Encyclopedia of mental health. San Diego: Academic Press, 1998)

Bandura describe la teoría de la autoeficacia.

Referencias

Berk, L. E., & Winsler, A. (1995). *Scaffolding children's learning: Vygotsky and early childhood education. NAEYC research into practice series* (Vol. 7). Washington, DC: National Association for the Education of Young Children.

Berk y Winsler hablan del psicólogo del desarrollo Lev Vygotsky y su creación del concepto del andamiaje.

Dewey, J. (1938). *Experience and education*. New York: Simon & Schuster.

Montessori, M. (2004). Nature in education. In Gutek, G. L. (Ed.), *The Montessori method. The origins of an educational innovation: Including an abridged and annotated edition of Maria Montessori's The Montessori method* (p. 145). Lanham, MD: Rowman & Littlefield Publishers, Inc.

Zimmerman, B. (2000). Self-efficacy: An essential motive to learn. *Contemporary Educational Psychology, 25*, 82-91.

Zimmerman sostiene que la autoeficacia es un predictor muy eficaz de la motivación y el aprendizaje de los estudiantes.

Zurek, A., Torquati, J., & Acar, I. (2014). Scaffolding as a tool for environmental education in early childhood. *International Journal of Early Childhood, 2*(1), 27.

Los educadores usan el andamiaje de manera efectiva en un programa de educación ambiental para ayudar a los niños a comprender sus experiencias al aire libre.

Cultiva el sentido del asombro

Carson, R. (1956). *The sense of wonder* (p. 45). New York, NY: Harper & Row.

Carson defiende de manera convincente la importancia del asombro y los lazos emocionales a la educación del niño y a su maduración posterior como adulto.

Davis, B., Rea, T., & Waite, S. (2006). The special nature of the outdoors: Its contribution to the education of children aged 3-11. *Australian Journal of Outdoor Education, 10*(2), 3.

Siguiendo a E. O. Wilson, los autores sugieren que la biofilia puede ofrecer una explicación de por qué aprendemos bien al aire libre. El artículo también describe la tipología de Kellert de los valores asociados con la naturaleza.

Dunlap, J., & Kellert, S. R. (Eds.). (2012). *Companions in wonder: Children and adults exploring nature together* (Vol. 8). Cambridge, MA: MIT Press.

Esta compilación es una expansión de los conceptos de Rachel Carson y contiene treinta ensayos sobre el significado y la importancia del sentido de asombro.

Involucra los sentidos

Moore, R. (2007). *Plants for play* (p. 10). Berkeley, CA: MIG Communications.

Cosco, N., & Moore, R. (2009). Sensory integration and contact with nature: Designing outdoor inclusive environments. *The NAMTA Journal, 34*(2), 158-176.

Cosco y Moore presentan pautas basadas en la investigación para el diseño y la creación de espacios al aire libre que promuevan la salud física y mental y el desarrollo infantil.

Louv, R. (2005). *Last child in the woods: Saving our children from Nature-Deficit Disorder*. Chapel Hill, NC: Algonquin Books of Chapel Hill.

Louv presenta un argumento contundente y bien investigado a favor de la importancia y la necesidad de la naturaleza en la vida de los niños.

Pollan, M. (1991). *Second nature: A gardener's education* (p. 21). New York, NY: Dell Publishing.

Pollan analiza el huerto como un lugar esencial para aprender lecciones importantes sobre nuestra relación con la naturaleza.

Wilson, E. O. (1984). *Biophilia* (p. 2). Cambridge, MA: Harvard University Press.

Crea una comunidad diversa de aprendizaje

Bouillion, L. M., & Gomez, L. M. (2001). Connecting school and community with science learning: Real world problems and school-community partnerships as contextual scaffolds. *Journal of Research in Science Teaching, 38*(8), 878-898.

Bouillion y Gómez exploran un tipo de "ciencia conectada" que vincula los conocimientos de la comunidad con los conocimientos escolares.

Finn, J. L., & Checkoway, B. (1998). Young people as competent community builders: A challenge to social work. *Social Work, 43*(4), 335-345

Finn y Checkoway presentan un estudio piloto que destaca seis iniciativas en las que los jóvenes promueven la convivencia en comunidad.

Hazzard, E. L., Moreno, E., Beall, D. L., & Zidenberg-Cherr, S. (2011). Best practices models for implementing, sustaining, and using instructional school gardens in California. *Journal of Nutrition Education and Behavior, 43*(5), 409-413.

Los resultados de un estudio de huertos escolares ejemplares en California mostraron que el paso más importante para el éxito fue la creación de un comité que reunía a administradores, profesores, padres y voluntarios de la comunidad y coordinadores comprometidos con los huertos escolares

Rogoff, B., Matusov, E., & White, C. (1996) Models of teaching and learning: Participation in a community of learners. In D. R. Olsen & N. Torrance (Eds.), *The handbook of education and human development* (pp. 388-414). Hoboken, NJ: John Wiley & Sons.

Este capítulo de un libro trata sobre una teoría del desarrollo en la que el aprendizaje se considera un proceso comunitario de transformación y participación.

Smith, L. H. (2011). Piloting the use of teen mentors to promote a healthy diet and physical activity among children in Appalachia. *Journal for Specialists in Pediatric Nursing, 16*(1), 16-26.

Los niños con mentores acabaron con mejores indicadores de salud, incluyendo el índice de masa corporal, la autoeficacia, los conocimientos y las actitudes, que aquéllos que no tenían mentor.

Tangen, D., & Fielding-Barnsley, R. (2007). Environmental education in a culturally diverse school. *Australian Journal of Environmental Education, 23*, 23.

Unos estudiantes de inglés como lengua extranjera que formaban parte de un programa de jardinería escolar en Australia mostraron mejoras en su aprendizaje en clase gracias al aprendizaje vivencial en el huerto. Además, se sintieron arropados por la comunidad escolar. El estudio también notó que el compromiso de los profesores con el programa de jardinería era esencial para el éxito de los alumnos.

Thorp, L., & Townsend, C. (2001, December). Agricultural education in an elementary school: An ethnographic study of a school garden. In *Proceedings of the 28th Annual National Agricultural Education Research Conference in New Orleans*, LA, 347-360.

Una exploración y un estudio de caso de la relación de los niños con la tierra y los alimentos.

Ofrece una manera creativa de hacer ejercicio

Dyment, J., & Bell, A. (2008). Grounds for movement: Green school grounds as sites for promoting physical activity. *Health Education Research, 23*(6), 952-62.

Los recintos escolares "verdes," que tienen más diversidad en cuanto a su diseño y características, pueden aumentar la actividad física en los niños, ya que complementan las actividades estructuradas con oportunidades para el juego y la exploración no estructurados.

Hermann, J., Parker, S., Brown, B., Siewe, Y., Denney, B., & Walker, S. (2006). After-school gardening improves children's reported vegetable intake and physical activity. *Journal of Nutrition Education and Behavior, 38*(3), 201-202.

La incorporación de la jardinería es un método efectivo de mejorar el consumo de vegetales y la actividad física en un los programas extraescolares.

Wells, N. M., Myers, B. M., & Henderson, C. R. (2014). School gardens and physical activity: A randomized controlled trial of low-income elementary schools. *Preventive Medicine, 69*, S27-S33.

Un estudio aleatorizado llevado a cabo en múltiples escuelas indica que la jardinería puede aumentar la actividad física de los niños de varias maneras diferentes.

Sumérgete en la naturaleza

Carson, R. (1956). *The sense of wonder* (p. 95). New York, NY: Harper & Row.

Carson reivindica la importancia del asombro y de la conexión emocional a la educación infantil y al desarrollo posterior como adulto.

Frumkin, H. (2001). Beyond toxicity: Human health and the natural environment. *American Journal of Preventive Medicine, 20*, 234-240.

Frumkin examina la investigación sobre los efectos positivos en la salud que pueden resultar de una variedad de experiencias del medio ambiente.

Hartig, T., Mitchell, R., de Vries, S., & Frumkin, H. (2014). Nature and health. *Annual Review of Public Health, 35*, 21.1-21.22.

Esta reseña examina la investigación sobre los efectos positivos de la naturaleza en la salud, enfocándose en los aspectos del ambiente físico relevantes a la planificación, el diseño y las políticas en entornos urbanos.

Kaplan, R. & Kaplan, S. (1989). *The experience of nature: A psychological perspective* (p. 191). Cambridge: Cambridge University Press.

Kaplan y Kaplan ofrecen un análisis respaldado por la evidencia de la relación entre las personas y la naturaleza, particularmente con respecto a las percepciones, preferencias y emociones.

Kaplan, S. (1995). The restorative benefits of nature: Toward an integrative framework. *Journal of Environmental Psychology, 15*(3), 169-82.

Kaplan describe la Teoría de la Restauración de la Atención y los beneficios restaurativos de la naturaleza.

Pollan, M. (1991). *Second nature: A gardener's education* (p. 4). New York, NY: Dell Publishing.

Pollan explora el huerto como un sitio esencial para aprender lecciones importantes sobre nuestra relación con la naturaleza.

Referencias

Taylor, A. F., Kuo, F. E., & Sullivan, W. C. (2001). Coping with ADD: The surprising connection to green play settings. *Environment and Behavior, 33*(1), 54-77.

Utilizando la Teoría de la Restauración de la Atención, los autores proponen que los espacios verdes ayudan a los niños con trastorno de déficit de atención e hiperactividad.

Wells, N. M., & Evans, G. W. (2003). Nearby nature: A buffer of life stress among rural children. *Environment and Behavior, 35*(3), 311-330.

En un entorno rural, los niveles de naturaleza cercana moderaron el impacto de acontecimientos vitales estresantes para el bienestar psicológico de los niños.

Establece conexiones con el hogar y la comunidad

Armstrong, D. (2000). A survey of community gardens in upstate New York: Implications for health promotion and community development. *Health & Place, 6*(4), 319-327.

Una investigación de veinte programas de horticultura comunitaria encontró beneficios que facilitan el desarrollo del vecindario y la promoción de la salud.

Blair, D. (2009). The child in the garden: An evaluative review of the benefits of school gardening. *The Journal of Environmental Education, 40*(2), 15-38.

Blair reseña la literatura cualitativa y cuantitativa sobre la jardinería para niños, y analiza varios resultados positivos.

Carney, P. A., Hamada, J. L., Rdesinski, R., Sprager, L., Nichols, K. R., Liu, B. Y., & Shannon, J. (2012). Impact of a community gardening project on vegetable intake, food security and family relationships: A community-based participatory research study. *Journal of Community Health, 37*(4), 874-881.

Un programa de horticultura comunitaria puede reducir la inseguridad alimentaria, mejorar la dieta y fortalecer las relaciones familiares.

Israel, G. D., Beaulieu, L. J., & Hartless, G. H. (2001). The influence of family and community social capital on educational achievement. *Rural Sociology, 66*(1), 43-68.

La participación de la comunidad y la familia influye en la vida de los niños de múltiples maneras, entre otras las destrezas sociales, la conducta, la autoestima y el rendimiento escolar.

Interactúa con lombrices, abejas, gallinas y otros animales

Basile, C., & White, C. (2000). Respecting living things: Environmental literacy for young children. *Early Childhood Education Journal, 28*(1), 57-61.

El comportamiento de los niños hacia los seres vivos y sus compañeros mejoró durante un proyecto de introducción al medio ambiente que requería pasar tiempo al aire libre.

Bratman, G. N., Hamilton, J. P., & Daily, G. C. (2012). The impacts of nature experience on human cognitive function and mental health. *Annals of the New York Academy of Sciences, 1249*(1), 118-136.

Este artículo da un resumen global de los efectos de la experiencia de la naturaleza en las funciones cognitivas y la salud mental de los seres humanos.

Esposito, L., McCune, S., Griffin, J. A., & Maholmes, V. (2011). Directions in human–animal interaction research: Child development, health, and therapeutic interventions. *Child Development Perspectives, 5*(3), 205-211.

Los autores reseñan investigaciones y temas centrales de estudios que demuestran que la interacción con animales afecta a los niños y promociona su desarrollo óptimo.

Frumkin, H. (2001). Beyond toxicity: Human health and the natural environment. *American Journal of Preventive Medicine, 20*(3), 234-240.

Frumkin examina la investigación sobre los efectos positivos en la salud que pueden resultar de una variedad de exposiciones al medio ambiente.

Trabaja y juega en el huerto

American Society for Microbiology. (2010, May 25). Can bacteria make you smarter?. *Science Daily*. Retrieved from www.sciencedaily.com/releases/2010/05/100524143416.htm

La exposición a bacterias específicas en el medio ambiente conocidas por sus cualidades antidepresivas podría potencialmente mejorar las conductas de aprendizaje también.

Brown, S. L. (2009). *Play: How it shapes the brain, opens the imagination, and invigorates the soul.* New York, NY: Penguin.

Channick, R. (2010, March 24). NU study: Dirt's good for kids. *The Chicago Tribune*. Retrieved from http://articles.chicagotribune.com

Este artículo describe investigaciones que encontraron que los niños con niveles más altos de exposición a microbios infecciosos como bebés tenían niveles más bajos de proteína C reactiva (un biomarcador predictivo de la enfermedad cardiovascular y el derrame cerebral) como adultos jóvenes.

Frost, J., Wortham, S., & Reifel, R. (2008). *Play and child development.* Upper Saddle River, NJ: Pearson/Merrill Prentice Hall.

Ginsburg, K. R. (2007). The importance of play in promoting healthy child development and maintaining strong parent-child bonds. *Pediatrics, 119*(1), 182-191.

El juego es esencial al desarrollo infantil porque contribuye al bienestar cognitivo, físico, social y emocional de los niños.

Lowry, C. A., Hollis, J. H., de Vries, A., Pan, B., Brunet, L. R., ... & Lightman, S. L. (2007). Identification of an immune-responsive mesolimbocortical serotonergic system: Potential role in regulation of emotional behavior. *Neuroscience, 146*(2), 756-772.

Los autores sugieren que la exposición a ciertos patógenos puede tener un impacto positivo en la ansiedad, la depresión y la capacidad de hacer frente a las dificultades.

Platts-Mills, T. A., Erwin, E., Heymann, P., & Woodfolk, J. (2005). Is the hygiene hypothesis still a viable explanation for the increased prevalence of asthma? *Allergy, 60*(s79), 25-31.

Este artículo examina la utilidad de la hipótesis de la higiene para explicar el aumento del asma en diversas poblaciones y resume sus limitaciones.

Ruebush, M. (2009). *Why dirt is good: 5 ways to make germs your friends.* Berkshire, UK: Kaplan Publishing.

Ruebush ha escrito un libro de divulgación accesible para los adultos sobre la hipótesis de la higiene.

Strachan, D. P. (2000). Family size, infection and atopy: The first decade of the 'hygiene hypothesis.' *Thorax, 55*(Suppl 1), S2.

Strachan examina la hipótesis de la higiene en el contexto de una década de investigación.

UN General Assembly. (1989). Convention on the Rights of the Child. *United Nations: Treaty Series,* 1577 (p. 3), Retrieved from www.refworld.org/docid/3ae6b38f0.html

La ONU reconoce el juego como un derecho humano.

Yazdanbakhsh, M., Kremsner, P. G., & Van Ree, R. (2002). Allergy, parasites, and the hygiene hypothesis. *Science, 296*(5567), 490-494.

Los autores proponen que las infecciones bacterianas, parasíticas y virales en los primeros años de vida pueden tener un efecto positivo sobre el sistema inmunológico y citan evidencia basada en investigaciones globales.

Utiliza un plan integral de estudios

Carver, G. W. (1910). Nature study and gardening for rural schools. *Tuskegee Normal and Industrial Institute Experiment Station Bulletin 18* (p. 5). Tuskagee, AL: Tuskegee Normal and Industrial Institute.

Drake, S. (2012). *Creating standards-based integrated curriculum: Common core edition (3rd edition).* Thousand Oaks, CA: Corwin Press.

Los planes de estudio integrales y el aprendizaje por proyectos se pueden alinear con los estándares educativos "Common Core" y otros pautas académicas.

Drake, S. M. & Reid, J. L. (2010). Integrated curriculum: Increasing relevance while maintaining accountability. *What works? Research into practice.* Toronto, ON: Ontario Ministry of Education. Retrieved from http://www.edu.gov.on.ca/eng/literacynumeracy/inspire/research/ww_Integrated_Curriculum.pdf

Los planes de estudio integrales y el aprendizaje basado en proyectos son maneras efectivas de enseñar a los estudiantes.

Krajcik, J., McNeil, K., & Reiser, B. (2007). Learning-goals-driven design model: Developing curriculum materials that align with national standards and incorporate project-based pedagogy. *Science Education, 92*(1), 1-32.

Un plan de estudios integral basado en proyectos y diseñado de acuerdo con estándares nacionales en ciencias conllevó a aumentos sustanciales y significativos en el aprendizaje de los estudiantes.

Leopold, A. (1991). The role of wildlife in a liberal education. In S. L. Flader & J. B. Callicott (Eds.), *The river of the mother of God and other essays by Aldo Leopold* (p. 302). Madison, WI: University of Wisconsin Press.

Cultiva una conexión con los alimentos

Gatto, N., Ventura, E., Cook, L., Gyllenhammer, L., & Davis, J. (2012). LA Sprouts: A garden-based nutrition intervention pilot program influences motivation and preferences for fruits and vegetables in Latino youth. *Journal of the Academy of Nutrition and Dietetics, 112*(6), 913-920.

Un programa extraescolar de cocina, nutrición y jardinería basado en un huerto mejoró las actitudes y preferencias por la fruta y las verduras en jóvenes latinos.

Referencias

Heim, S., Bauer, K. W., Stang, J., & Ireland, M. (2011). Can a community-based intervention improve the home food environment? Parental perspectives of the influence of the delicious and nutritious garden. *Journal of Nutrition Education and Behavior, 43*(2), 130-134.

Sondeos realizados a los padres antes y después de que sus hijos, quienes estaban entre 4º y 6º de primaria, participaran en un campamento de verano sobre jardinería mostraron un aumento en la frecuencia con la que los niños pedían fruta y verduras en casa, además de un aumento en la disponibilidad de fruta y verduras en casa y en la tendencia de los padres de animar a sus hijos a comer fruta y verduras.

Hermann, J. R., Parker, S. P., Brown, B. J., Siewe, Y. J., Denney, B. A., & Walker, S. J. (2006). After-school gardening improves children's reported vegetable intake and physical activity. *Journal of Nutrition Education and Behavior, 38*(3), 201-202.

La incorporación de la jardinería es una manera efectiva de mejorar el consumo de vegetales y la actividad física en entornos extraescolares.

Leopold, A. (1970). *A Sand County almanac* (p. 6). New York, NY: Ballantine Books.

McAleese, J. D., & Rankin, L. L. (2007). Garden-based nutrition education affects fruit and vegetable consumption in sixth-grade adolescents. *Journal of the American Dietetic Association, 107*(4), 662-665.

Los adolescentes que recibieron educación nutricional basada en los huertos aumentaron el número de porciones de fruta y verduras que comían más que los estudiantes en otros dos grupos.

Ratcliffe, M., Merrigan, K., Rogers, B., & Goldberg, J. (2011). The effects of school garden experiences on middle school-aged students' knowledge, attitudes, and behaviors associated with vegetable consumption. *Health Promotion Practice, 12*(1), 36-43.

Los huertos escolares pueden afectar el consumo de vegetales por parte de los niños, y pueden mejorar el reconocimiento, las actitudes, las preferencias y la inclinación a probar verduras.

Robinson-O'Brien, R., Story, M., & Heim, S. (2009). Impact of garden-based youth nutrition intervention programs: A review. *Journal of the American Dietetic Association, 109*(2), 273-280.

Las intervenciones nutricionales basadas en huertos tal vez tengan la capacidad de promover un aumento en la ingesta de fruta y verduras entre los jóvenes y aumentar la inclinación a probar fruta y verduras en los niños más pequeños.

Cultiva un sentimiento de apego al lugar

Derr, V. (2002). Children's sense of place in Northern New Mexico. *Journal of Environmental Psychology, 22*(1-2), 125-37.

Derr demuestra el papel importante que la familia extensa y la experiencia directa de los niños juegan en la creación del sentimiento de apego al lugar y el conocimiento de la naturaleza.

Gesler, W. (1992). Therapeutic landscapes: Medical issues in light of new cultural geography. *Social Science and Medicine, 34*(7), 735-46.

Gesler explora por qué ciertos lugares o situaciones se ven como terapéuticos, usando temas e ilustraciones de trabajos sobre geografía cultural y sobre la literatura de las ciencias sociales de la medicina.

Lane-Zucker, L. (2004). Foreword. In D. Sobel, *Place-based education: Connecting classrooms and communities* (p. ii). Great Barrington, MA: The Orion Society.

Lengen, C., & Kistemann, T. (2012). Sense of place and place identity: Review of neuroscientific evidence. *Health & Place, 18*(5), 1162-71.

Lengen y Kistemann resumen la evidencia de la base biológica del sentimiento de apego a un lugar.

Measham, T. (2007). Primal landscapes: Insights for education from empirical research on ways of learning about environments. *International Research on Geographical and Environmental Education, 16*(4), 339-50.

Measham analiza los "paisajes primordiales" para conceptualizar las interacciones entre los niños y sus entornos. El autor se refiere a investigaciones empíricas acerca de la geografía humana y resalta la importancia de que las personas de edad y las familias participen en la educación ambiental.

Nabhan, G., & Trimble, S. (1994). *The geography of childhood* (p. xiii). Boston, MA: Beacon Press.

Sobel, D. (1998). *Mapmaking with children: Sense of place education for the elementary years*. Portsmouth, NH: Heinemann.

Este libro es una introducción a la cartografía para niños mediante proyectos prácticos en su barrio o patio, y enfatiza la importancia del apego a un lugar en la vida de los menores.

Colaboradores

Becky Hiller es artista en Madison, Wisconsin. Se dedica a varias técnicas creativas y le gusta cultivar verduras, hortalizas y flores y trabajar con los jóvenes. Colaboró estrechamente con Nathan Kennard Larson para ilustrar este libro y retratar la energía vital de los huertos educativos de Community GroundWorks.

Alex Wells es directora ejecutiva del Environmental Design Lab, cuya misión es promover lugares saludables para todos. Dirige la investigación, implementación y evaluación de proyectos relacionados con la salud y el bienestar infantil, la creación de espacios comunitarios vitales, el aprendizaje al aire libre y la enseñanza con huertos.

Samuel Dennis, Jr. es profesor titular de arquitectura de paisajes en la Universidad de Wisconsin-Madison y director de investigaciones en el Environmental Design Lab. Su trabajo se enfoca en entender y diseñar espacios al aire libre que fomentan la salud y el bienestar, con un énfasis en los niños y las disparidades de salud. Usa métodos participativos para animar a la gente a colaborar en el diseño y la creación de espacios comunitarios en donde la gente vive, trabaja, juega (y cultiva un huerto o jardín).

Whitney Cohen es directora de educación en Life Lab y ocupa un cargo docente en la Universidad de California Santa Cruz. Es una dedicada profesora, capacitadora, autora y experta en la educación basada en un lugar, el aprendizaje investigativo dirigido por los estudiantes, las estrategias para diversificar la población estudiantil, los huertos escolares y la intersección entre la educación ambiental y el sistema de educación pública.

Mary Kay Warner es diseñadora gráfica y dueña de Sandhill Studio LLC. Fue directora de arte para *La enseñanza en el aula de la naturaleza*.

Whitney Hein asistió con el diseño y la producción.

Catherine Jagoe tradujo este libro al español. Escritora y traductora profesional, cuenta con la credencial de traducción del inglés al español de la Asociación Estadounidense de Traductores. Es doctora en literatura hispánica por la Universidad de Cambridge, Inglaterra y fue profesora titular de español en la Universidad de Wisconsin-Madison y la Universidad de Illinois del Norte.

Revisores

Whitney Cohen (ver la biografía en la sección de colaboradores arriba).

Rino Avellaneda es escritor y profesor de lengua castellana. De origen colombiano, tiene mucha experiencia como traductor y revisor. La Universidad de Wisconsin le otorgó un doctorado en literatura hispánica mientras que Vanderbilt University le confirió una maestría en estudios latinoamericanos. Actualmente enseña en el Programa de SUMMA en el distrito escolar de Beaverton, Oregon, EE. UU.

Norka Bayley lleva 25 apacibles años trabajando como maestra de preescolar en el Área de la Bahía de California, Pescadero, en donde participó en la construcción y continúa en el mantenimiento del Jardín del Zoológico, junto a los alumnos preescolares y sus familias. Nació en Venezuela y sigue estudiando en California, EE. UU.

Caitlin Blethen lleva más de 15 años coordinando programas de educación en huertos escolares en el noroeste de los EE.UU. Creó el programa "Growing Gardens School Garden Coordinator Certificate Training," un curso de capacitación para coordinadores de huertos escolares, de cinco días de duración, destinado a profesores y miembros de la comunidad.

Lola Bloom es codirectora ejecutiva de City Blossoms, una ONG en Washington, D.C. dedicada a los espacios verdes creativos diseñados y liderados por niños, con la participación de la comunidad. Usa la jardinería, el arte y la cocina para desarrollar la autoestima y la independencia en niños de entre 2 y 18 años en organizaciones escolares y comunitarias en distintas partes de la capital.

Erica Curry es directora del programa de prácticas y recursos en la organización FoodCorps. Ha trabajado en muchas partes de EE.UU. construyendo redes para conectar las escuelas, las comunidades y las granjas. Su enfoque como educadora agroalimentaria la ha inspirado a ofrecer cursos de capacitación de docentes para fomentar las relaciones entre las granjas y las escuelas y la enseñanza en torno a un lugar.

John Fisher, director de programas y colaboraciones de la organización LifeLab, ha formado e inspirado a miles de educadores de todas partes de EE.UU. y del mundo a utilizar los huertos como lugares de aprendizaje. También se desempeña como director del grupo de liderazgo para la Red Nacional de Huertos Escolares (National School Garden Network).

Kathryn González apoya con entusiasmo todo lo que se relaciona con el aprendizaje práctico, la naturaleza y la comida local. Pone en práctica su pasión por el mundo natural enfocándose en el trabajo interior de la sustentabilidad, ofreciendo así herramientas de vida por medio de coaching y asesoría personal.

Emilie Gioia es directora de programas en el Edible Schoolyard Project, una ONG nacional sobre educación alimentaria ubicada en Berkeley, California, que fue fundada por Alice Waters en 1995. Emilie se incorporó al equipo de ESYP en 2010 y gestionó el desarrollo y la inauguración de la red Edible Schoolyard Network (edibleschoolyard.org).

María del Carmen Moreno ayuda con el desarrollo profesional de maestros en temas de restauración ecológica desde 2012, y trabaja con estudiantes de secundaria y de universidad además de miembros de la comunidad. Gestiona diferentes iniciativas dentro del programa, enfocándose en comunidades latinas e indígenas en Wisconsin. Diseña y coordina cursos de aprendizaje-servicio, así como prácticas internacionales sobre educación ambiental en la Republica Dominicana, Nicaragua, Ecuador y México. Tiene un doctorado en Antropologia de la Universidad de Wisconsin-Madison.

Joe Muellenberg trabaja para la Universidad de Wisconsin-Extensión para proporcionar educación sobre la horticultura y la nutrición a jóvenes y adultos. También colabora con el programa de voluntariado para Jardineros Expertos y con organizaciones que apoyan a los jóvenes en situación de riesgo.

Claire Berezowitz, una estudiante de doctorado en psicología educativa y ecología humana, se encuentra más a gusto al aire libre, en la naturaleza. Vive su pasión por la educación con huertos tanto en su investigación sobre el desarrollo humano y el aprendizaje vivencial, como en su trabajo de especialista en la educación ambiental en torno a un lugar.

www.ingramcontent.com/pod-product-compliance
Lightning Source LLC
Chambersburg PA
CBHW040913020526
44118CB00029B/162